E POR FALAR EM AMOR

MARINA
COLASANTI

E POR FALAR EM AMOR

TUSQUETS
EDITORES

Preparação: Bonie Santos
Revisão: Maitê Zickuhr
Projeto gráfico: Jussara Fino
Diagramação: Nine Editorial
Capa: adaptada do projeto gráfico original de Compañía
Ilustração de capa: Santiago Régis

Dados Internacionais de Catalogação na Publicação (CIP)
Angélica Ilacqua CRB-8/7057

Colasanti, Marina
E por falar em amor / Marina Colasanti. – São Paulo : Planeta do Brasil, 2025.
208 p.

ISBN 978-85-422-3660-6

1. Amor 2. Literatura brasileira I. Título

25-1783 CDD 152.41

Índice para catálogo sistemático:
1. Amor

2025
Todos os direitos desta edição reservados à
EDITORA PLANETA DO BRASIL LTDA.
Rua Bela Cintra, 986 – 4º andar
Consolação – 01415-002 – São Paulo-SP
www.planetadelivros.com.br
faleconosco@editoraplaneta.com.br

Acreditamos nos livros

Este livro foi composto em Utopia Std e impresso pela Geográfica para a Editora Planeta do Brasil em julho de 2025.

Para Affonso, meu todo partilhado

Sumário

Antes de começar

Quando a ideia de escrever este livro me acometeu pela primeira vez, levei um susto. E tratei de descobrir rapidamente algumas boas razões para descartá-la. Como todos nós, eu estava encharcada de respeito, o amor me parecendo assunto demasiado transcendental, demasiado grande.

Mas a ideia não tinha surgido à toa. Era mais que uma ideia, era necessidade que, plantada em mim, exigia a escrita. Concordei em atendê-la, mas com uma condição: a de tratar o tema sem luvas brancas, tirando-o da estratosfera para trazê-lo onde ele realmente vive, no meu, no nosso cotidiano.

E nessa viagem descobri que, embora seja sempre tratado como um sentimento único, igual para homens e mulheres, o amor não o é, pela simples razão de que homens e mulheres são diferentes e desempenham diferentes papéis em relação a ele. Tentei, portanto, detectar as formas masculina e feminina de amor e os problemas que ocorrem quando procuramos fazer desses dois sentimentos uma coisa só.

E descobri também que, tendo forjado praticamente toda a teoria amorosa da história da humanidade – à qual as mulheres tentaram se adequar –, os homens, porém, pouco se manifestam quando se trata de falar do seu amor pessoal, do seu apaixonar-se. Assim, a "razão amorosa" fala pela boca dos homens, enquanto a "emoção amorosa" fala pela boca das mulheres. Pareceu-me estar em boa hora para misturar as duas coisas.

Quero dizer ainda que elaborei minhas ideias mais especificamente em torno da relação heterossexual, não por ignorar a importância do sentimento homossexual, mas porque há muito optei por escrever só sobre aquilo que conheço com algo mais do que a razão.

Da mesma maneira preferi me ater ao comportamento amoroso na nossa cultura, porque é nela que vivo. E porque é nela que meu amor se desenvolve, bem além do conteúdo de um livro e da minha capacidade de abranger o inesgotável.

Mas afinal, o que é isso?

"É quando as pernas tremem, e a gente sente uma comichão, umas espetadelas nas costas." Assim a aia de Lady Marian explica a sua pupila o que é amor, quando esta suspeita estar apaixonada. A definição, do filme *Robin Hood,* com Olivia de Havilland e Errol Flynn, não é exatamente científica, e é pouco elucidativa, mas não fica muito aquém de tantas outras que atravessam o tempo.

Para Stendhal, era "a maior felicidade do mundo". Carlos Drummond diz que "amor é bicho instruído", Liv Ullmann explica que é como "se as nuvens do horizonte estivessem sob os meus pés", e Camões tentou acertar com vários tiros "amor é um fogo que arde sem se ver/ é ferida que dói e não se sente/ é um contentamento descontente/ é dor que desatina sem doer...".

Parece-me mais prudente, portanto, deixar de lado as definições e seguir outros caminhos, na tentativa de entender melhor o que é amor.

Basicamente, podemos dizer que se trata de um sentimento de bem-querer intenso, com intenção sexual, voltado para outra pessoa. E uma das nossas tendências imediatas costuma ser colocá-lo, numa escala de intensidade, entre o afeto e a paixão. Teríamos então um mesmo sentimento, que, brando para o afeto, iria aumentando até chegar às ardências do amor e alcançar seu pique mais explosivo na paixão. Algo como um só botão e três termostatos.

De minha parte, não vejo a coisa assim. Acho que se trata de três sentimentos diferentes – embora tão semelhantes – que desempenham diferentes papéis e determinam diferentes formas de atuação, com resultados diferentíssimos. Esquematicamente seria algo assim:

Afeto. Sinto o afeto como um sentimento amoroso mais espraiado. Tão espraiado, às vezes, que nem tem rosto; ao escrever um livro, por exemplo, coloco nele meu afeto para que busque para mim o afeto dos leitores. Isso não é abstrato, o afeto virá sob a forma de cartas, contatos, encontros. Mas não tem um alvo determinado. O afeto, então, é colocado em múltiplos objetos. E habitualmente não inclui o desejo.

Cabe a ele nos alimentar afetivamente de forma constante e atuar como estabilizador, pois continua agindo durante o amor e nos ampara nas entressafras deste.

Amor. Ao contrário do afeto, o amor exige um rosto, e bem definido, já que sua característica principal é concentrar-se num único objeto. Ao fazê-lo, torna esse objeto insubstituível e nos coloca na sua dependência. Sem dúvida, o amor contém o desejo; mas o desejo pode não ser o elemento preponderante. Há, no amor, a intenção de perenidade. Eu diria que o amor *pensa*, que é reflexivo. E que enxerga, ou quer enxergar, o outro, em sua realidade individual.

A finalidade do amor seria, do ponto de vista social, nos levar ao acasalamento, à reprodução e à criação dos filhos.

Paixão. Pode anteceder o amor, o que, aliás, frequentemente acontece. Nesse caso, trata-se do processo de enamoramento. Mas pode também não anteceder nada além do seu próprio esvaziamento. O que nos deixa angustiados, na paixão, é justamente não sabermos se ela nos dará direito a um amanhã amoroso ou não. A paixão não escolhe o seu objeto, e na realidade não o vê; atraída, despenca sobre o objeto, inventando para ele uma série de qualidades – que ele muitas vezes não tem – e ignorando por completo os eventuais defeitos. Tomados de paixão, vemos o outro como simplesmente perfeito, e não aceitamos outras visões. O desejo é irrefreável. Não há intenção de perenidade. Aliás, não há intenção de coisa alguma a não ser a proximidade e a posse do objeto de paixão. Podemos dizer que, enquanto o amor é *reflexão*, a paixão é *ação*. Ela está em movimento, descrevendo um ciclo que é dela e sobre o qual não temos controle. A paixão avança rapidamente. Não à toa ela é definida como um raio, e dizemo-nos "fulminados de paixão". Sua função é justamente a de galvanizar, eletrizar os indivíduos com uma força que nenhum outro sentimento tem, a fim de que, empurrados um contra o outro, sejam praticamente obrigados ao encontro, criando a possibilidade de um amor.

O que seria do amor se não fosse o petróleo?

Estamos falando de amor, mas é preciso especificar. Não existe um único amor ao qual todos obedecem, mas sim diferentes formas de amor, variando não só de acordo com as diferentes culturas, mas também através da história. A história da humanidade é a história do seu amor. Ao contrário do que gostaríamos, o amor não é rei; obedece às necessidades sociais e se modifica de acordo com as exigências econômicas, geográficas, ou impostas pelas guerras.

Agora mesmo, depois de um longo período de descaso, o amor apaixonado parece estar de volta com toda a sua força. E o que foi que o trouxe? Segundo alguns, a alta dos preços do petróleo. Se livros sobre o amor e a paixão invadem as livrarias, se conferências sobre os mesmos temas pipocam nas noites, se o sexo volta a ser vinculado ao amor, e se um grande suspiro desejoso parece exalar de todos os peitos, agradeçamos à OPEP.

Antes da crise do petróleo o mundo, ou pelo menos a parte abastada do mundo, a que exporta e impõe sua cultura, nadava em dinheiro. Era o tempo das vacas gordíssimas. E sobrando dinheiro, parecia mais fácil ser feliz. Tão fácil que se tornou praticamente obrigatório. Com dois carros na garagem, uma piscina de água quente no quintal, a cozinha abarrotada de eletrodomésticos, incontáveis opções de lazer, e conta bancária garantindo o futuro, parecia uma injúria ficar chorando pelos cantos. O trabalho já não era tão importante. Importante era satisfazer os próprios desejos.

E o desejo individual, colocado como meta, transformou em impedimentos opressivos as relações com terceiros, os vínculos de amor, os enquadramentos sociais. Felizes e sozinhos, cuidando cada um de si, satisfazendo todos os seus desejos e livres de ônus amoroso, assim foram os representantes da *geração do eu*. Uma pesquisa realizada no final dos anos 70, nos Estados Unidos, pela famosa firma Yankelovich, Skelly

& White, mostrou que 72% dos americanos passavam a maior parte do seu tempo pensando em si mesmos e nas suas necessidades interiores.

Paralelamente, os anticoncepcionais e os movimentos de liberação da mulher abriam um período de experimentação sexual, legitimando o não compromisso.

Tudo era válido, e era obrigatório transformar as fantasias em realidade. Tudo, menos o amor consequente, pois, como escrevia Joseph Epstein em seu livro *Divorced in America*,* "as amarras e as obrigações do casamento impedem o pleno desenvolvimento do eu".

Então os árabes aumentaram o preço do petróleo, as vacas emagreceram, e já não era tão fácil ter piscina no fundo do quintal. A crise acabava com o mito da felicidade individual e restabelecia a necessidade do grupo como defesa, a procura do outro. Em 1981, a revista *Time* publicou um artigo com declarações de Yankelovich, que previa o surgimento de uma nova "ética do compromisso" sintetizada na "busca da comunidade". A revista ironizava, dizendo haver poucos sinais de tal modificação. Mas hoje o sociólogo William Simon afirma: "A abundância dos anos 50, 60 e 70 nos deu a coragem de tentar novas experiências. Com o atual estado da economia, a hora é de prudência. Centralizando tudo na segurança econômica e social, investimos mais na carreira e no casal. Nós nos perguntamos: 'Como devo administrar minha energia, financeira e sentimentalmente?'. E então a carreira parece mais importante do que o sexo".

Sim, o amor está de volta. Mas com ele volta também a necessidade de o entender melhor, para que não nos traga mais dissabores que prazeres.

Uma revolução que faz tremer as pernas

Dois livros podem nos ajudar a entender melhor. Um porque organiza o óbvio e lhe dá pompas científicas. E o outro porque abre um caminho novo. São *Love and limerence, the experience of being in love,*** da psicóloga americana Dorothy Tennov, publicado em 1980, e

---

* *Divorciados na América.*

** *Amor e* limerence, *a experiência de estar apaixonado.*

Innamoramento e amore,[*] de Francesco Alberoni, cientista social italiano, publicado em 1979.

Tennov entrevistou 700 pessoas. A partir de seus depoimentos, chegou à conclusão de que não se sabe como o amor começa, só se sabe que começou, e que é uma sensação diferente de todas as outras. Essa sensação ficou estabelecida através de doze sintomas:

1. Pensar obsessivamente no objeto amado.
2. Absoluta necessidade de reciprocidade.
3. Profunda dependência das atitudes do amado, na qual se procura constantemente uma resposta ao próprio amor.
4. Incapacidade de amar outra pessoa.
5. O único alívio é imaginar que o outro também nos ama.
6. Medo da rejeição e timidez paralisante frente ao amado.
7. Os obstáculos parecem intensificar o sentimento.
8. Necessidade de crer que, atrás da aparente indiferença do amado, se escondem sentimentos apaixonados.
9. Dor na região do coração, nos momentos de incerteza.
10. Sensação de flutuação toda vez que há sinais de reciprocidade.
11. Intensificação do sentimento, que relega tudo o mais a segundo plano.
12. Magnificação de todas as possíveis qualidades do amado e recusa a ver qualquer defeito.

Como se percebe, não há grandes novidades nos doze sintomas de Tennov. Eles, aliás, já haviam sido detectados há nove séculos por Andreas Capellanus, autor de *Traité de l'amour courtois,*[**] no qual incluiu mais dois: dificuldade de digestão e insônia, "que frequentemente causam uma alteração no cérebro, capaz de levar à loucura".

O livro de Alberoni abre um novo caminho. Especialista em movimentos coletivos, ele encara o enamoramento como um movimento coletivo a dois, uma autêntica revolução com todas as características das revoluções sociais, que leva os apaixonados a romper com os seus

---

* *Enamoramento e amor.*

** *Tratado do amor cortês.*

laços, a abandonar suas famílias, a enfrentar todos os obstáculos, para fundar uma outra unidade. Depois de realizada a revolução, os amantes enfrentam as sucessivas etapas que levarão, ou não, à constituição de um novo país amoroso. E seu sentimento entra em fase de estabilidade.

O amor não é o mesmo para homens e mulheres

Às vezes, muitas vezes até, entender o amor não nos parece tão difícil. Afinal, quase todos passamos por ele e sabemos bem onde dói e onde agrada, onde fabrica nuvens e onde abre precipícios. O que nos parece difícil de entender é por que, se todos o queremos, se é o mais sublime dos sentimentos, se é a essência da vida, se existe para juntar homens e mulheres, se é tudo isso, por que é tão complicado de manejar.

Sim, é complicado. Os homens se queixam, as mulheres se queixam. Voracidade, dizem eles. Incompreensão, dizem elas. E para acertar em um amor somos obrigados a quebrar a cara em vários deles. Por quê?

Porque nossa sociedade é basicamente incoerente. Embora querendo que vivamos juntos o amor, e da forma mais simétrica possível, *ela o ensina de forma diferente para homens e mulheres*. Não totalmente, porém. O glacê, aquela camada doce e enfeitada feita para atrair olhares e desejos, é igual. A ambos é dito que o amor é essencial, a ambos é ensinado que só amando justificamos nossa existência. Somos igualmente treinados para tocaiar o amor atrás de todas as esquinas, convencidos desde pequenos de que ele é dulcíssimo e nos fará um bem enorme. A própria sociedade nos olha enviesada se não amamos, pois é implícito que estamos cometendo grave falta, o amor de dois sendo o patrimônio de todos.

Isso por cima. Mas na hora de partir o bolo, a coisa é muitíssimo outra.

À mulher o amor é ensinado, desde o primeiro entendimento, como sendo o *coroamento da vida*. Ela cresce em preparação constante para o momento em que um amor – leia-se um homem apaixonado – entrará em sua vida. Para isso adquire uma série de conhecimentos específicos, destinados não só a abrigar aconchegadamente esse amor – como seu útero abriga o óvulo fecundado – mas a mantê-lo e renová-lo. As revistas femininas esmeram-se em transmitir truques capazes de reavivar o amor, reacender o desejo, enfim ancorar o homem através da boca, do estômago, do baixo-ventre. Mas nenhum truque semelhante frequenta as revistas masculinas.

Para os homens o amor é ensinado como sendo a *capitulação,* a entrega de quem, embora tendo resistido muito, acaba perdendo as forças e caindo na armadilha. Dos homens apaixonados diz-se que foram "pegos", "fisgados", "amarrados", que estão "perdidos", e "agora não tem mais jeito".

Para percebermos ainda mais claramente essa diferença, basta lembrar as festas com que se comemora o fim da vida de solteiro. As moças fazem um chá de panela em que as amigas, geralmente na casa de uma delas, trazem de presente para a noiva vassouras, panos de pó, panelas. Ou seja, uma festa voltada para o futuro, já projetada para o lar que se arma, e em que os presentes são símbolos do doméstico, do "dali para a frente". Comemora-se, pois, uma coisa auspiciosa. No caso dos rapazes a cerimônia de adeus costumava ser nos bordéis. Hoje em dia acontece em bares, ou em casa de um dos amigos. Mas é sempre uma festa de bebedeira, que beira a violência, em que o noivo deve se embriagar ao máximo para aproveitar os "últimos momentos de liberdade", o ocaso da inconsequência. É uma festa voltada para o passado, e como tal repete o modelo de tantas outras de que o noivo já participou. É muito mais uma festa de *despedida* do que uma comemoração de *entrada* em novo status social.

Conheço até um caso bem elucidativo. Durante a festa, os amigos embriagaram o noivo até a inconsciência, e em seguida, vendo-o bem apagadão, lhe engessaram a perna. Ao acordar lhe comunicaram que, num rompante etílico, tinha querido dançar frevo e caído de mau jeito. Durante os dias que se seguiram, os amigos riram muito pensando no pobre noivo, de perna engessada, em plena lua de mel. Aparentemente era apenas uma brincadeira, ainda que de mau gosto. Mas se olharmos o lado simbólico, fica claro perceber que eles tornaram concreto aquilo que inconscientemente sentiam: o amigo subitamente aleijado, castrado, tendo perdido sua mobilidade/liberdade.

Mas não param aí as diferenças de ensinamento. O amor é transmitido às mulheres como sendo, senão o avalista total, pelo menos o principal motivador para o sexo. Mesmo em plena revolução sexual, e relacionando-se eventualmente com homens passageiros, o que as mulheres querem mesmo é ter sexo com um homem amado: isso não por romantismo genético, mas como resultado de um longo aprendizado.

É exatamente o contrário do que acontece com os homens. Para eles, fica bem claro desde o início que o amor é uma ameaça à sua sexualidade. Ao amar e concentrar seu afeto numa só mulher, perdem todas as outras. E não só isso, mas a mulher investida de amor pode ser vivida de forma muito ameaçadora. Um bom exemplo desse fenômeno nos foi dado pelo filme *O belo Antônio*, em que o personagem interpretado por Marcello Mastroianni se tornava impotente ao casar, mas só com a própria esposa; com as outras, a quem ele não amava, continuava em perfeito funcionamento viril.

E isso nos leva ao terceiro ponto de diferença, onde tantos amores se despedaçam: a monogamia.

Sem entrarmos no mérito nem nas causas da questão, o fato é que às mulheres a monogamia é ensinada como uma virtude fundamental, mas também a prova da veracidade do amor. Crescemos achando que assim como seremos fiéis ao homem amado, ele também nos será fiel, e que o amor verdadeiro apaga todos os amores passados e impede os futuros. Assim, no momento em que é traída, o primeiro pensamento que ocorre a uma mulher é: "ele não me ama".

O ensinamento masculino é bem diferente. Desde cedo são treinados para desvincular sexo de amor. Eu mesma já ouvi um homem dizer à guisa de explicação para a mulher que ele havia traído: "mas isso não tinha nada a ver com você!", querendo com isso dizer que o fato de dormir com uma não significava em absoluto não amar a outra. Para ele eram duas atividades absolutamente independentes. Embora por razões sociais um homem exija a fidelidade por parte da mulher, estas mesmas razões sociais fazem com que assumir a monogamia lhe pareça uma diminuição da sua virilidade. Que nos sirvam de testemunho as palavras do poeta romano Ovídio, escritas há dois mil anos no seu livro *A arte de amar*: "Não que a minha censura te condene a ter uma só amante: que os deuses nos preservem de tal coisa! Só a mulher casada pode ter semelhante obrigação".

O amor de um casal envolve no mínimo quatro pessoas

Bastariam essas diferenças para tornar o amor um barco difícil de levar ao porto. Mas no início do século um cavalheiro chamado Sigmund Freud nos mostrou que havia mais carne debaixo do angu. Graças a ele e às teorias que a partir dele se desenvolveram, sabemos hoje que o amor não é apenas a relação entre duas pessoas, mas a relação dessas duas pessoas acrescida de todas as fantasias de cada um, e em grande parte ditada pelo passado recíproco.

A psicanálise nos ensinou que o amor não é feito apenas de si mesmo. Ao escolher uma pessoa como objeto amoroso, não estamos escolhendo só ela, mas todo o eco que ela contém do nosso passado afetivo. Um homem escolhe uma mulher porque ela é muito parecida com sua própria mãe, e pode vir a desamá-la porque se tornou parecida demais. Uma mulher escolhe um homem porque ele é o oposto do seu pai, e pode vir a desamá-lo se descobrir que não o é tanto. E assim por diante, em variantes infinitas, que amarram seus cordões na primeira infância, nos amores primeiros: mãe, pai, família.

Enfim, fomos obrigados a constatar que aquela que considerávamos a mais pessoal das relações, o amor entre um homem e uma mulher, não era tão pessoal assim. E que, por conseguinte, o sucesso do amor não dependia tão exclusivamente de nós. Isso, sem dúvida, nos tira uma boa parte da responsabilidade. Mas abre um novo mundo de incertezas, já que podemos dar rumo ao futuro, mas o passado está fora do nosso alcance.

Certamente, o amor não é fácil. E durante um certo tempo até pensamos poder viver razoavelmente sem ele. Percebemos, porém, que, ao cortar a árvore para evitar o incômodo das folhas que caem, perdemos a sombra e os frutos, perdemos o doce farfalhar. E então estamos recomeçando a plantar.

Não, o amor nunca foi mais fácil do que hoje. Nunca foi linear. A não ser quando não era amor. Hoje talvez tenhamos mais conhecimentos, mais abertura para aceitá-lo como é, em vez de exigir dele o que não pode nos dar.

Amor sem *a* maiúsculo

Ninguém tem dúvidas quanto ao que seja amor. Pergunte à mais rutilante estrela do jet set, ou a uma modesta costureirinha, e nenhuma das duas terá qualquer hesitação em lhe responder. Hesitarão, sim, à procura das palavras, intimidadas frente à necessidade de explicar aquilo que consideram ser o sublime. Mas no seu íntimo, ambas estão bem certas de que sabem do que se trata.

Referem-se, ou tentam se referir, àquele amor de que ouviram falar desde pequenas e que, desde pequenas, lhes foi ensinado como indispensável. O *amor absoluto*. Ao falarmos de amor, sem especificações, é sempre a ele que nos referimos, o grande, tão grande que às vezes reforçamos nosso sentimento chamando-o de amor com A maiúsculo. E é por ele que esperamos.

Mas existe mesmo esse amor, tão total, tão avassalador, tão completo? Ou nós o inventamos, instituindo talvez a exceção como regra?

De um lado a vida. Do outro a morte. Imprensada entre dois acontecimentos inegavelmente absolutos, decorre a vida do ser humano. E para ela, assim que começamos a formular nossos medos, foi necessário encontrar uma justificativa. Por que éramos jogados na vida, sem qualquer participação voluntária, e dela éramos retirados contra nosso desejo? A razão deveria ser forte, *tão forte quanto nascer e morrer,* pois só assim o justificaria. E a única que nos pareceu qualificada foi o amor. Era através do amor que a vida se gerava, e era gerando outras vidas que nos iludíamos de vencer a morte. O amor era portanto o único elemento que podíamos considerar como participante direto dos dois polos fundamentais. Daí a instituirmos o amor como *absoluto* deve ter sido um passo, e um passo lógico, que vinha, aparentemente, solucionar nosso mais grave problema.

Exigir que percebêssemos estar criando outro, quase tão grave quanto aquele do qual fugíamos, é pretender demais, sobretudo num processo que obviamente não foi tão linear nem tão consciente quanto aqui o traçamos.

E criado o *amor absoluto*, tivemos que viver com ele.

Em amor, o absoluto é um queijo suíço

Ele diz: Eu te amo. E o que a gente ouve não é: "Eu te amo tanto quanto posso dentro das limitações dessa relação e desse meu momento de vida, dentro das minhas próprias limitações, dos meus medos e dos meus fechamentos". A gente ouve: "Eu te amo totalmente, para sempre, sem que nada, antes ou depois do nosso encontro, supere esse sentimento". Ele fala de si, e nós ouvimos o cosmos. Ele fala do hoje e nós entendemos o eterno.

A culpa é nossa, então, por ouvirmos errado? Não. Ele também, ao falar dentro da sua pequena dimensão humana, está se iludindo com as grandes medidas. Ao dizer "eu te amo", assume o papel do grande amante, torna-se o amor absoluto encarnado.

Vida e morte são biológicas. Independem da nossa participação, embora nos façam e desfaçam. Lutamos para nascer, é verdade, mas não nos é permitida a escolha do não nascer, não podemos nos negar a vir ao mundo. O mesmo acontece com a morte; por mais que a gente se negue a morrer, ou mesmo quando, no caso contrário, nos suicidamos, estamos apenas adiando ou adiantando um desfecho que aconteceria de qualquer maneira, independente da nossa vontade. Vida e morte são indissolúveis, uma não existe sem a outra, formam um todo. E um todo de absoluta unicidade: ninguém nasce ou morre mais de uma vez, pois mesmo nas teorias da reencarnação a lembrança da vida anterior é apagada, recomeçando o ciclo como se fosse pela primeira vez. Isso faz com que vida e morte sejam absolutas.

Ora, o amor talvez não seja nem biológico. Biológica na certa é a atração sexual. Mas embora ela participe do amor de forma determinante, não é ela que o constitui, e pode, por sua vez, existir sem ser acompanhada por qualquer impulso amoroso. O amor é basicamente psicológico, sentimento gerado por nossos desejos, nossas necessidades afetivas, nossas projeções. Começa aí toda a diferença em relação à noção de absoluto.

Pois em matéria de sentimentos, essa noção acaba sendo subjetiva. O amor que é absoluto para mim pode não o ser para a pessoa ao qual é dirigido. E isso porque enquanto minha emoção amorosa me preenche por inteiro, dando-me a impressão de que não existe mais possibilidade de amor além dela, o objeto do meu amor, que por razões pessoais não se sente por ele preenchido, pode considerá-lo insuficiente e, como tal, bem aquém do absoluto. Ou mesmo, percebendo a intensidade do amor do *outro* mas não encontrando em si mesmo nenhuma correspondência a esse amor, o objeto olhará para aquele sentimento apenas com benevolência, sem que a grandiloquente noção de absoluto sequer lhe aflore à cabeça.

Não é só na tentativa de simetria com o outro que o absoluto se mostra flutuante. Dentro de nós mesmos ele se modifica. Assim, ao me apaixonar hoje por um novo objeto, tenho a súbita impressão de que essa paixão supera todas as outras que já senti. Mas não querendo rebaixá-las, diminuindo portanto a importância do meu currículo amoroso, estabeleço dentro de mim a vaga noção de que esta paixão é mais absoluta do que as outras, aniquilando dessa forma a própria noção de absoluto, que não comporta *mais* nem *menos*. Da mesma forma, ao longo de um amor intenso que pretenderia absoluto, percebo em certas ocasiões uma espécie de esgarçamento na própria intensidade do sentimento, que me obriga a considerar o absoluto amoroso como um queijo suíço, cheio de buracos.

Apesar de todas as dificuldades, o amor pode até mesmo alcançar piques de absoluto. Mas serão sempre e apenas piques, breves momentos que a própria mutabilidade do sentimento se encarrega de desfazer.

Além do mais, o amor não é inelutável. Não podemos viver sem ter nascido, nem podemos viver sem vir a morrer. Mas, apesar das nossas fantasias em contrário, podemos perfeitamente viver sem grandes amores, coisa que, aliás, acontece com a maioria das pessoas. O amor é parte da vida, mas apenas uma parte, e nem de leve tão indispensável quanto, digamos, a alimentação. À luz da realidade mais imediata, e por mais que a ideia nos desagrade, o amor é uma necessidade menor.

Nem o amor é uma experiência única. A quase totalidade das pessoas abriga em sua vida diversos amores. E embora o tempo e o distanciamento afetivo acabem por diluir nossa capacidade de revivê-los por completo na lembrança, conservamos, senão a emoção, pelo menos o registro daquela intensidade. Assim, a lembrança dos amores passados é vencida para permitir o acontecimento de novos amores, mas não é apagada.

Apesar disso tudo, e apesar de sabermos disso tudo, continuamos querendo o amor absoluto. Mas há mais um empecilho na rota da sua conquista: a exigência da reciprocidade.

Não somos independentes para nascer porque precisamos ser gerados por um casal; porém, no ato do nascimento não necessitamos de que alguém nasça conosco. A mãe luta para nos dar à luz, mas sua situação e seus sentimentos são completamente diferentes dos nossos. São duas situações ligadas, mas não paralelas. Já no amor o que se exige é mais do que o paralelismo, é a superposição, a reciprocidade plena.

Em termos literários, um grande amor pode existir mesmo sem resposta; o amante suspira na sombra, se acaba de paixão, sem que o objeto de seus sonhos lhe dirija mais do que um olhar. Mas na vida real o que queremos, para que o amor se complete física e afetivamente, é que o outro também nos ame. E achamos que nosso amor só se transformará realmente num amor absoluto na medida em que a intensidade do amor do outro for gêmea idêntica da nossa intensidade.

O amor não é mensurável. A duras penas sabemos do nosso próprio amor, quanto mais do do outro. O que costumamos fazer para resolver o impasse é medir o amor do outro usando o nosso próprio amor como metro. Ele diz "eu te amo". Nós respondemos "eu também te amo". E deduzimos que as duas coisas são idênticas e que aquele amor, como a vida e a morte, representa um todo, como elas indissolúvel, e, portanto, como elas, absoluto. Está demonstrado o teorema, como se queria.

Um perigoso teorema, na verdade. Porque em cima dele, e da sua inconsistência, começamos a construir justamente aquele castelo que queríamos mais sólido e mais seguro.

E a cada tijolo fazemos um investimento maior para que cresça rumo ao alto e, como a Torre de Babel, nos leve ao céu, nos permita a eternidade, justifique a vida e esconjure a morte.

A onipotência fica, à nossa imagem e semelhança

Dito isso, com que ficamos? Renunciamos de vez ao sonho do amor absoluto e nos predispomos a amorezinhos apenas normais, a maioria deles passageiros? Já abrimos mão de tanta coisa, será que mais essa renúncia nos é exigida em nome do bom senso e da objetividade? Será que até em amor temos que cair na real?

Mas aí é que está, na real se *cai*, quase se despenca. E o amor não é um sentimento *para baixo*, é *para cima*, estratosférico, de altíssimo astral. O amor é, por sua essência, onipotente, pois foi à sua semelhança que inventamos Deus, e é através do amor que nos aproximamos Dele.

Mesmo que quiséssemos desabsolutizar o amor não conseguiríamos, pois para que ele possa subsistir, a própria razão se encolhe, emudece, deixando o campo emocional livre para o enlouquecimento do desejo pelo outro. E o emocional, sem a razão, não conhece limites.

Quando o outro deixa de nos amar, é instintiva a cobrança: "Mas você disse que me amava!", e a fazemos em boa-fé, sem perceber que equivale a dizer "mas você disse que era divino". Ele realmente o foi, ainda que por breve tempo. O equívoco está em querermos prolongar esse tempo de acordo com as nossas medidas, e não com as do outro, está em querermos *juntar o conceito de absoluto com o de eternidade*.

Não é dito que um amor não possa ser eterno, da eterna duração de duas vidas. Amores assim existem, embora raros. O que não convém é, passado o furacão da paixão dentro do qual toda definição abaixo do absoluto parece impossível, vestir qualquer amor com a exigência da totalidade.

Há amores de todas as medidas, como de todas as medidas são as pessoas que os vivem. Mas muitas vezes, quando afinal, com esforço de lucidez, conseguimos avaliar a medida do nosso amor, já está na hora de reconsiderar tudo novamente, pois um novo amor nos acomete, invadindo todos os espaços com sua deliciosa prepotência.

No começo, a atração

Ele estava sem mulher, em disponibilidade, procurando alguém na vida. Ela estava sem homem, em disponibilidade, procurando alguém na vida. Ambos eram razoavelmente jovens, razoavelmente bonitos, razoavelmente equilibrados, e meus amigos. Pareceu-me natural convidá-los para um jantar a fim de que se encontrassem. Mas no dia seguinte o amigo me telefonou: "Era essa a mulher de que você achava que eu ia gostar? Ora, até parece que você não me conhece, devia saber que ela não é meu tipo".

Como eu ia saber? Ela não era tão diferente da anterior namorada do rapaz. Com a qual, aliás, ele não tinha se acertado. A mim, parecia excelente. Mas não a ele.

Ele tem um *tipo*, espécie de modelo preestabelecido do que lhe agrada. E se esse tipo entrar em um ambiente, seja qual for a situação, ele lhe perceberá imediatamente a presença, de forma perturbadora. Toda mulher que se encaixar nesse tipo terá, portanto, uma chance inicial de ser escolhida por ele.

Esse é um dos princípios da atração.

Paralelamente, porém, tenho ouvido dizer com frequência a respeito de determinadas parcerias amorosas, diferentes de tudo o que se esperava: "Não entendo o que ela viu nele". E percebo que alguém pode sentir-se atraído por uma pessoa completamente diferente das outras que atravessaram sua vida, diferente de seus amigos, diferente de tudo o que parece constituir sua individualidade. O que atrai, nesses casos, é exatamente a diversidade.

Esse é outro princípio da atração.

E que fácil nos parece entender que o bonito procure a bonita, a rica o rico, o artista a artista. Que dois seres semelhantes se prefiram entre todos, para formar o par ideal, aquele com que todos sonham, as "almas gêmeas". *Porque esse, afinal, é o mais óbvio dos princípios da atração.*

Mas antes de continuar, é oportuno estabelecer uma diferenciação entre dois tipos de atração: a amorosa e a atração pura e simples. Pois enquanto socialmente somos atraídos por uma série de valores coletivos (como status, dinheiro, fama etc.), a nossa escolha amorosa obedece a valores individuais, frequentemente nem sequer percebidos por nós mesmos.

A beleza põe mesa mas não garante o jantar

Beleza atrai. É inquestionável. Em torno de uma pessoa bonita os desejos esvoejam como abelhas, ainda que sejam apenas desejos de contemplação. E porque não podemos – pelo menos nem sempre – comprar pessoas bonitas, compramos pôsteres que as representam, vamos vê-las no cinema, procurá-las nos teatros. O poeta inglês Keats disse que beleza era "verdade". A poetisa grega Safo comparou-a à bondade. O escritor Somerset Maugham considerava-a "um êxtase". E Stendhal, que tão bem escreveu sobre o amor, chegava ao cúmulo de ver nela "uma promessa de felicidade".

Comprovadamente, a beleza vende produtos, atrai simpatias, facilita os primeiros contatos, e é considerada ponto favorável na concessão de empregos.

Tão importante nos primeiros movimentos da atração, a beleza não desempenhará depois, no amor, papel fundamental. Outros valores, como personalidade, inteligência e potencial erótico, contam muito mais. Porém é fato que um parceiro interessantíssimo corre o risco de ser rejeitado no primeiro escrutínio apenas por sua aparência física.

Entrevistado a respeito do filme *Tootsie*, em que para conseguir um papel um ator se apresenta como mulher, com o nome de Dorothy Michaels, Dustin Hoffman disse do seu trabalho: "Quando tentei incorporar a personagem de Dorothy, tive dificuldade em fazê-lo como teria desejado, e de repente me ocorreu que se eu tivesse encontrado Dorothy numa festa, jamais teria me interessado por ela, pois fisicamente era insignificante. Certamente é uma atitude frívola julgar as pessoas pelo que aparentam, e acho que foi isso que começou a me entristecer".

"Frívola" talvez não seja a palavra. Mas a verdade é que não sabemos por que a beleza nos atrai. Embora imantados, os bonitos nada nos prometem além daquilo que esperamos de outras pessoas. Pelo contrário. Deles temos até uma certa desconfiança, como se o dote supremo da beleza devesse ser pago com o sacrifício de dotes morais e, sobretudo, intelectuais. O tipo da "bela burra", tão bem interpretado por Marilyn Monroe, é um clássico da nossa cultura. E eu própria presenciei inúmeras vezes o espanto de pessoas ao descobrirem que meu irmão, o ator Arduíno Colasanti, é um homem inteligente. Como se por ser, sem favor nenhum, um dos homens mais bonitos da sua geração, devesse obrigatoriamente ser burro.

Karen Dion, uma psicóloga americana especializada em estudos sobre a atração, pesquisou as reações de adultos e crianças diante de fotos de pessoas bonitas. Os adultos achavam que os bonitos eram mais sensuais, delicados, sociáveis e atirados. Esperavam que tivessem melhores casamentos e melhores empregos. Mas imaginavam que seriam piores pais.

Isso coincidia com a opinião das crianças diante de fotos de crianças bonitas. Elas achavam que as mais lindas deviam ser mais simpáticas e menos leais. Declararam sua impressão de que crianças bonitas seriam amigos decepcionantes, com os quais não se poderia contar em horas de necessidade. Ou seja, tanto os adultos quanto as crianças viam nas pessoas bonitas uma promessa de sucesso, paralela a uma certeza de egoísmo.

Na realidade, os bonitos são mais gentis, menos agressivos, mais sorridentes. Mas não são forçosamente mais egoístas. Adulados desde pequenos, sabem que basta sorrir de bom jeito para obter as coisas. Não precisam competir, porque já ganharam. Nem precisam zelosamente cuidar do que é seu, porque o mundo está sempre disposto a lhes dar o que for preciso.

O amor sabe ver belezas que os outros não veem

Se é verdade que existe uma beleza universal, que todos reconhecem unanimemente, é verdade também que existe uma beleza individual, aquilo que cada um acha mais bonito, e que não é forçosamente bonito para os outros. Tenho mesmo certeza de que quando um homem escolhe uma mulher unanimemente bonita como objeto do seu amor definitivo é porque à sua beleza pública somou-se aquela beleza que só ele vê. A beleza unânime, portanto, entraria nos dotes coletivos de que falei antes, que atraem, mas que não determinam amor. Já a beleza secreta, que se origina nos desejos de cada um, é aquela que decide a escolha amorosa.

A esse respeito, um amigo me contava recentemente que em seus devaneios de mulher ideal via sempre mulheres louras, longilíneas, de cabelos longos e rostos suaves, mulheres-doçura. Via, portanto, o ideal social desse nosso país amulatado, e a mulher mansa, passiva, com que nossa sociedade repressora nos ensina a sonhar. Entretanto, com o passar do tempo, descobriu que as mulheres pelas quais, afinal, se sentia atraído não obedeciam em absoluto a esse tipo. Eram fortes, ativas, decididas e, confessou-me, sempre de coxas bem fartas. Além disso, a cor dos cabelos, tão determinante em seus devaneios, não tinha a menor importância na vida real.

Os caminhos pelos quais esse modelo secreto de beleza se estabelece são complexos e prendem suas raízes na primeira infância. Pai e mãe, como seres inicialmente centralizadores de todo o afeto, e modelos básicos de identidade, costumam emprestar suas características para a formação do amado ideal. Não se trata de papel-carbono. O modelo pode estabelecer-se por oposição. Eu que tenho pai e irmão louros nunca namorei louros em minha vida, e se por acaso algum me parece mais interessante, percebo que há na sua pele alguma coisa que me afasta. A pele, no caso, pode atuar como lembrança da interdição do incesto. Em compensação, meu marido, filho de uma italiana de olhos claros, casou-se com esta italiana de olhos claros que aqui está, e dois de seus irmãos também casaram com descendentes de italianos, ambas de olhos claros.

Pai e mãe não são forçosamente os únicos modelos. O humorista Henfil já contou em entrevista como, por volta dos três anos de idade, seguidamente acamado por problemas de hemofilia, olhava na parede a reprodução de um quadro em que Nossa Senhora esmagava com o pé a cabeça da serpente. "O quadro me excitava terrivelmente, aquela mulher serena, forte, pisando na cabeça do pecado. A partir disso, aconteceu uma coisa estranha comigo: a fixação pela mulher forte." Esmagar a cabeça da serpente confundia-se, para Henfil, com esmagar a doença, e uma mulher forte seria aquela capaz de contrabalançar sua própria fraqueza física. No princípio, Henfil tomou sua simbologia ao pé da letra. Interessava-se por mulheres de força física, jogadoras de vôlei, desportistas. Só mais tarde percebeu que a força de personalidade exercia o mesmo fascínio. Mas nunca uma mulher fraca despertou o seu interesse. No caso de Henfil, também as irmãs entraram como componentes do modelo, pois vê-las sadias, enquanto ele e seu irmão viviam às voltas com a doença, reforçou a ideia do feminino todo-poderoso.

Os sinais silenciosos podem ser muitíssimo eloquentes

Olhando estabelecemos os primeiros pontos da atração. Somos eminentemente visuais. Mas na verdade *vemos muito mais do que acreditamos estar vendo*. Nossos olhos decifram um código secreto, subliminar, em que componentes essenciais da personalidade são detectados. Diz Ortega y Gasset em seu *Estudios sobre el amor*: "Os atos e as palavras não são o melhor meio de conhecer o interior secreto do outro. Mas sim os gestos e a fisionomia, significando com isso que o que mais conta não é a parte comandada racionalmente, mas aquela que atua independente da nossa vontade. O olhar, a movimentação dos lábios, são mais eloquentes que uma frase e, muitas vezes, mais sinceros".

Diz Wilhelm Reich, contemporâneo de Freud e um dos pais da psicanálise: "A estrutura do caráter de um indivíduo é funcionalmente idêntica à sua atitude corporal". Assim, a repressão de um sentimento, ou a inibição de atos importantes, provocaria determinadas modificações físicas, alterando as formas do corpo e sua mobilidade. Através dessas modificações poderíamos obter chaves importantes para a compreensão mais profunda dos indivíduos.

Um exemplo bem claro nos é dado pelo dr. Alexander Lowen, em seu livro *Love and orgasm,** dedicado justamente a Reich. Conta ele de uma atriz que tinha dois problemas: não conseguia chorar nem gritar, pois sofria de uma certa rigidez no maxilar que não conseguia vencer. Após um demorado processo de análise, Lowen descobriu que a moça, criança em uma família de dez filhos, não havia sido amamentada pela mãe, e desde logo percebera a inutilidade de seu choro na disputa do afeto materno.

É claro que num primeiro encontro seria impossível a outra pessoa chegar a conclusões tão precisas. Mas é igualmente claro que a rigidez do maxilar e a contração da boca diriam de imediato a qualquer um que ali estava uma pessoa contida, retraída, de difícil abertura. E é claro também que ela exerceria uma imediata atração sobre alguém em busca dessas características, afastando aqueles que procurassem alguém solto, aberto.

A disponibilidade é outro importante fator de atração. *Atraímos quando estamos prontos para receber*. O que, evidentemente, não significa que devamos estar solteiros, fisicamente livres, mas sim que, tendo derrubado dentro de nós o amor que nos habitava, estamos prontos para abrigar nova paixão.

Essa disponibilidade interna pode perfeitamente estar desvinculada da nossa consciência. Conscientemente, ainda acreditamos amar aquele cavalheiro que até ontem nos acompanhava e ao qual ainda hoje damos o braço. Mas, livres internamente, atraímos alguém igualmente livre. E ao aceitá-lo, acreditamos ter sido ele o assassino do velho amor, acreditamos ter deixado de amar um porque subitamente nos apaixonamos pelo outro.

Além da beleza física, além das reminiscências maternas e paternas, além dos ideais e dos signos externos, a atração seria então exercida por um silencioso sinal verde. Não nos espante porém que alguém se sinta atraído por outro alguém comprometido. Como já vimos, o comprometimento pode ser externo. Ou o receptor pode ter errado ao captar o sinal. Ou o receptor pode ter captado certo, haver comprometimento, e esse comprometimento funcionar exatamente como um dos pontos de atração para ele.

---

* *Amor e orgasmo.*

Disso tudo, uma verdade se evidencia bem clara: *a atração se exerce à revelia das pessoas.*

Querendo atrair, nos bronzeamos na praia, compramos roupa nova, alinhavamos conversas brilhantes. Com isso não estamos *garantindo a atração.* Estamos *chamando a atenção.* E embora a atenção seja fundamental para aquilo que defini antes como atração social, a atração amorosa pode acontecer perfeitamente mesmo que sejamos os mais silenciosos da festa, pois haverá sempre alguém que se encante justamente com esse retraído silêncio.

Pode-se, portanto, melhorar a capacidade de atração social. Quanto à atração amorosa, reparando no tipo de pessoas que se interessam por nós, podemos traçar o perfil da nossa atração, descobrir quais são os nossos ímãs. Trabalho que aliás de pouco nos adiantará, porque na hora de farejarmos um eventual parceiro obedecemos aos ímãs dele, inteiramente descuidados dos nossos.

Por que este e não aquele?

"O primeiro foi seu pai,
o segundo seu irmão,
o terceiro foi aquele
que a Teresa deu a mão."
Cantiga de roda do folclore

Frequentemente confundimos atração com escolha. Mas o próprio dia a dia nos mostra que se trata de coisas diferentes. Atraída por uma roupa na vitrina, posso entrar na loja, pedir para vê-la mais de perto, e acabar comprando outra completamente diferente depois de verificar que aquela, afinal, não era exatamente o que eu queria, nem combinava comigo como, à primeira vista, havia me parecido.

O mesmo acontece em amor. A atração, no caso, desempenha o papel de um motor de arranque, que nos "liga" e nos impulsiona em direção a outra pessoa. Se essa pessoa nos serve ou não, será estabelecido a posteriori, através do processo de escolha.

Confesso que este é um tema que me fascina. Olho para a moça de brincos verdes com pingentes pretos e me pergunto o que foi que fez com que entre os milhares de brincos que ela vê diariamente nas matérias das revistas de moda, nas lojas, e nas orelhas das outras, ela escolhesse exatamente aqueles. O que têm aqueles brincos a mais do que todos os outros que os torna capazes de se encaixarem com perfeição no intricado quebra-cabeça do desejo – no caso chamado gosto – daquela moça?

Entretanto, cada um opera no próprio quebra-cabeça como se em vez de uma espécie de labirinto fosse uma linha reta. A vida nos impõe escolhas contínuas. Chá ou café? Com açúcar ou adoçante? Um cigarro depois, ou antitabagismo? E, para a grande maioria delas, não temos hesitações. A hesitação começa, e se avoluma, na medida da importância da escolha. Compro uma pasta de dentes sem pensar duas vezes, mas levo semanas para decidir a compra de um carro, e meses para a de um apartamento. Há coisa mais importante do que a escolha de um amor? E no entanto, às vezes, não temos sequer a impressão de estar escolhendo, como se a escolha tivesse se realizado sozinha, desde o início.

A verdade porém é que, como para os brincos verdes e muito mais ainda, toda uma infinita rede de exigências está em questão, enquanto nosso inconsciente avalia no outro as possibilidades de satisfazê-las.

A gente escolhe para uma coisa mas pode acabar ficando por outra

Segundo Jean-G. Lemaire, psicanalista francês especializado em terapia de casais, há duas espécies básicas de escolha: a escolha para uma relação passageira e aquela que se destina a uma relação duradoura, do tipo conjugal.

Ao escolher, ainda que inconscientemente, um parceiro para aventuras breves, o que se procura em primeiro lugar é o prazer, a satisfação dos impulsos sexuais. Escreve Lemaire em *Le couple: sa vie, sa mort*:* "O que se pede então ao objeto (da escolha) é que seja essencialmente um fator de satisfação. Caso ele falhe, a relação cessa imediatamente".

Ao contrário, numa escolha para o futuro, embora a parte erótica continue sendo importante, "o objeto continuará sendo o eleito, mesmo

* *O casal: sua vida, sua morte.*

se, de forma passageira, ou até mesmo durável, revelar-se insatisfatório nesse plano".

O que Lemaire quer dizer é que existe uma *intenção* na escolha. É verdade. Mas nem sempre os resultados acompanham essa intenção. Se o cavalheiro escolhe entre dez coristas aquela que mais lhe fala aos sentidos e que se esmerará para conduzir ao leito está, de forma bastante óbvia, escolhendo na primeira opção, que alguns mais simplistas poderiam definir como sendo "pelo corpo". Mas sabemos de inúmeros cavalheiros que, tendo escolhido a corista, acabaram gostando dela e estabelecendo então uma relação que, embora incluindo os sentidos, ia bem além destes.

A escolha sexual costuma anteceder o conhecimento. Ou pelo menos o conhecimento mais profundo. Frequentemente começamos uma relação achando que não nos promete mais do que prazeres eróticos. Mas com o acumular-se desses prazeres podemos descobrir que eles se tornam indispensáveis para nós, ou que trazem em sua esteira um sentimento vivificante do qual precisamos, ou que, através destes prazeres, estabelecemos com o parceiro um entendimento insuspeitado. A escolha que começou como opção passageira muda então de ramal, passando a definitiva.

Quanto à escolha "para o futuro", diz Lemaire que o objeto continuará sendo o eleito, mesmo se não for sexualmente satisfatório. Também é verdade, mas me parece muito categórico. Em certos casos, a insatisfação erótica é fator determinante para uma reavaliação da escolha.

No princípio, quando o fogo da paixão crepita mais alto, podemos nos iludir duplamente: acreditamos que com o tempo seremos capazes de despertar os talentos eróticos do nosso objeto de paixão (adormecidos somente porque nenhum amor antes do nosso foi suficientemente intenso para acordá-los); e acreditamos também que, mantida eternamente a força do nosso amor, poderemos prescindir da plena realização erótica. Durante algum tempo, portanto, a escolha inicial tem fartas razões para manter-se inalterada.

Mas *a escolha não é fixa*. Embora o percebamos mais claramente só na hora das desavenças, *ela está sendo refeita todos os dias*, e constantemente cotejada com outras escolhas possíveis. Se, ao contrário do que esperávamos, os talentos eróticos do companheiro se revelam mais sonolentos do que a Bela Adormecida, é provável que a insatisfação sexual nos leve a uma revisão dos outros itens que determinaram a escolha. Insatisfeita na cama, passarei a irritar-me com os modos do meu homem à mesa. E se ele não me satisfaz, perguntarei a mim mesma se não me ama suficientemente, ou se não me deseja. E, de qualquer maneira, a sensação de uma incompetência grave - minha ou dele - pesará entre nós.

A capacidade de um casal conviver harmoniosamente com esse tipo de problema depende em grande parte do seu grau de erotização e da força dos outros elementos que determinaram a escolha. Um casal pouco erotizado e muito bem afinado tende a ficar junto, mesmo se insatisfeito sexualmente. Mas não devemos esquecer que às vezes a escolha inicial é mantida à custa de *escolhas paralelas*. Nesse caso, a escolha primeira que havia sido feita com uma intenção globalizante se modifica, fracionando-se de modo a permitir que outras escolhas "setorizadas" preencham os vãos abertos pela insatisfação.

Espelho, espelho meu, quero um outro tão belo quanto eu

Já vimos que a semelhança pode até contar como fator de atração. Mas em geral somos atraídos por pessoas melhores e mais bonitas do que nós mesmos, melhorando nossa própria imagem interior através do processo de identificação. Com a escolha, porém, a coisa muda de figura.

Queremos o semelhante, a outra metade da maçã, a alma gêmea. Um estudo realizado com 200 casais de uma universidade americana, no estado de Connecticut, mostrou que eram, dois a dois, equivalentes em aspecto físico. Outro estudo realizado em torno da escolha por computador, na Universidade de Minnesota, demonstrou que todos os postulantes a um encontro procuravam alguém semelhante a si mesmos. Impossível não lembrar o mito do andrógino.

Segundo nos conta Platão, em *O banquete*, havia, numa época mítica, três espécies de pessoas: o homem duplo, a mulher dupla e o homem-mulher, ou andrógino. Eram seres redondos, que mais do que andar rolavam, ajudados por suas quatro pernas e quatro braços, e perscrutando tudo com os dois olhos plantados dos lados da cabeça. Aconteceu porém que, ambiciosos, tentaram alcançar os céus, e Zeus, para punir tamanha ousadia, os partiu ao meio, pedindo em seguida a Apolo que cicatrizasse a ferida - foi aliás repuxando a pele para fechar o corte que este inventou o umbigo. Porém, separadas, as metades sentiam falta uma da outra, e passaram a se procurar desesperadamente. Encontrando-se, abraçavam-se chorando, e assim se deixavam ficar, cheias de saudade e paixão, até morrerem. Zeus então, querendo evitar a extinção da espécie, colocou-lhes os órgãos sexuais na frente, a fim de que no abraço pudessem procriar. E, através do amor e do sexo, a unidade foi recuperada.

Sim, quando abraço meu amado tenho quatro pernas e quatro braços, e quase choro de doce saudade, e tenho muita, ah! muita vontade de me deixar ficar. Seria ele a minha metade original? Ou eu o transformei em metade de mim a partir das semelhanças que logo detectei e que me fizeram crer na possibilidade da metamorfose?

Procuramos o semelhante porque precisamos de espelho? Porque amando tanto a nós mesmos achamos mais fácil amar alguém que se pareça conosco? Ou porque aquilo que é semelhante é familiar, e aquilo que é familiar nos deixa mais seguros, mais tranquilos, possibilitando a abertura indispensável ao estabelecimento do amor?

Mesmo amando alguém que se me assemelhe, é longo o aprendizado que terei que fazer para, pelo menos, aproximar-me dos sentimentos dele. Mas se o alguém a quem amo é diametralmente oposto a mim, e, portanto, me é totalmente desconhecido, mais longo ainda terá que ser o trabalho de desvendá-lo.

O fato é que, se o amor é a junção de duas pessoas - com ou sem o mito do andrógino -, é muito mais fácil e lógico juntar elementos semelhantes. Amando, queremos nos integrar ao outro, mas queremos também, através do outro, nos expandir. E essa expansão será tanto mais possível quanto mais o outro for desde o início um prolongamento natural de nós mesmos. As semelhanças fundindo-se umas nas outras deveriam tornar mais possível a harmonia. Não se mistura água com azeite. É mais fácil viver em paz quando os dois gostam de música clássica do que quando um só tem ouvidos para o delicado som das cameratas barrocas e o outro se interessa exclusivamente por rock, ou, pior ainda, quando um gosta de música e o outro a detesta.

A procura do nivelamento físico vai pelo mesmo caminho. A dessemelhança cria insegurança. O muito feio evita escolher a muito bonita, pois a seu lado se sentiria inferior e constantemente ameaçado de que outro mais belo lhe viesse tomar a amada. O muito bonito dificilmente escolhe a muito feia porque ela tem menos chances de atraí-lo e porque o inferioriza socialmente. A inferioridade física, porém, pode ser contrabalançada por outros dotes igualmente importantes. Os muito feios deixam de sê-lo, até mesmo socialmente, se são muito brilhantes, muito poderosos, muito ricos, ou muito famosos. Entre eles e os belos se estabelece então, se não uma semelhança, pelo menos uma equivalência que justifica a escolha.

Ah! Esses opostos tão parecidos

E as escolhas por oposição? Existem, cada um de nós tem vários casos para contar. Funcionam, em princípio, por complementação. Eu não gosto de nadar + você é um peixe = eu vivo através de você minhas fantasias aquáticas, e assim me completo. Eu sou doce + você é feroz = eu adoço você, você me ferociza, e a soma doçura-ferocidade nos arma, como casal, para enfrentar melhor a vida.

Acredito que a escolha por oposição só acontece quando a oposição é parcial, e que, enquanto as diferenças parecem gritantes, há por baixo uma identificação enorme ligando coisas fundamentais. Eu não gosto de nadar e você é um peixe; mas ambos adoramos isso e aquilo e aquilo outro. Ou mesmo quando as diferenças são muitas, quase totais: eu não gosto de nadar, tenho medo de fogo, sou notívaga, e preciso de agitação; você parece o Príncipe Submarino, é bombeiro, madrugador, e nasceu para a meditação e o recolhimento. Mas nós nos identificamos e nos queremos numa idêntica carência, ou num mesmo fundo de loucura, ou até numa gêmea e arrasadora paixão pela arqueologia.

Um outro mecanismo também pode entrar em jogo. É quando a doce que escolhe o feroz só é doce em superfície, mas abriga no íntimo uma ferocidade que ela própria tem medo de admitir. Ao escolher o outro, ela vai se permitir exercer a sua própria ferocidade, sem entretanto incorrer nos riscos que tanto a apavoram. Nesse tipo de falsa oposição, acontecerá adiante que a doce provoque o feroz até levá-lo a extremos de ferocidade que a ele próprio espantam, e ao mesmo tempo assuma o papel da vítima. Insuspeitado atrás da máscara plangente, esconde-se então o verdadeiro feroz da dupla. Para que a coisa funcione ainda melhor, convém que o feroz tenha escolhido a doce por ter ele próprio horror à própria ferocidade, que se vê compelido a usar porque não aguenta a sua fraqueza. Na troca de papéis propiciada pelo amor, ele poderá culpar-se pela violência, alimentando a vitimização da mulher e vivendo no papel de vítima de si mesmo, a sua fraqueza. Assim ambos viverão felizes para sempre.

Acredito muito na complementação e no enriquecimento decorrentes das diferenças, mas tenho certeza de que o que realmente determina a escolha é o sólido nó que liga as semelhanças profundas, o entrelaçar-se de quatro pernas e quatro braços no abraço andrógino.

Num olhar, lá se vai toda a burocracia do amor

Os franceses lhe dão o nome de *coup de foudre*. Os italianos dizem *colpo di fulmine*. Confesso que gosto mais dessas denominações meteorológico-operísticas do que do nosso modesto *amor à primeira vista*. A ideia de um relâmpago que fulmina subitamente, abrasando em amor, é mais próxima da realidade.

De fato, podem bastar poucos minutos para que uma paixão, muitas vezes duradoura, se instaure. Não se trata apenas de atração sexual, embora ela se manifeste imediatamente com grande intensidade. Trata-se de amor, de interpenetração imediata. Sem que seja necessária a costumeira troca de informações, sem que um saiba praticamente nada do outro, há, desde o início, uma sensação de absoluta intimidade.

E o mais curioso é que, embora um salto assim no escuro devesse resultar muito assustador, não há medo nem hesitação. A força desse amor imediato é tão arrasadora que consegue estabelecer a segurança sem que haja nenhum dado prático para justificá-la.

No amor à primeira vista, o processo de escolha é tão veloz que parece inexistir. Isso lhe dá um certo ar de loucura, quase de irresponsabilidade, que se agrava quando as pessoas imediatamente decidem casar. Mas não é de loucura que se trata, e sim de uma possibilidade de comunicação absolutamente atípica. É como se o sinal amarelo - quando não vermelho - que todos nós mantemos ligado se abrisse de repente, permitindo o livre trânsito de um no outro, e estabelecendo em poucos minutos aquele diálogo dos inconscientes, que geralmente leva um bom tempo para acontecer.

Os raros amantes que se escolhem à primeira vista sentem-se quase iluminados, abençoados por Deus. E têm razão porque, acelerando o processo, escapam das ansiedades e das dúvidas que acompanham a escolha. Ganham o bombom, sem ter sequer que desembrulhá-lo.

Como cupido, o computador é um fracasso

E existem também as tentativas de escolha mecânica. Porque muitas escolhas acabam não dando certo, porque tantos não conseguem escolher ninguém, ou ser escolhidos, sonhamos com um sistema frio que acabe com a ânsia da procura e descubra para nós, na multidão, a metade que está faltando.

Inicialmente recorreu-se às agências matrimoniais e aos pequenos anúncios, depois acrescentou-se a eles o onipotente computador. A diferença principal trazida por esses sistemas é que o físico, que em geral constitui o primeiro ponto de atração, é deixado para depois de já intercambiados os dados sociais, psíquicos, as preferências e idiossincrasias de cada um. É verdade que na troca de cartas costuma haver também troca de fotos, mas uma coisa é enfrentar o 3 × 4 do Gauchinho Apaixonado, e outra é encarar de repente "aquele rapaz com um cravo vermelho na lapela". O mesmo vale para os computadores, embora estes sejam mais completos, dispondo alguns de um serviço de vídeo, onde a seleção pode ser feita com som, cor e movimento. Quem me garante que vou gostar do cheiro do cangote do belo tenista que vejo na tela?

Os sistemas mecânicos não eliminam a escolha. Supostamente, fornecem mais dados para que possamos realizá-la com segurança. Mas isso também não é verdade. Se fosse, as filas diante dos computadores dariam volta de quarteirão, e ninguém ia querer convidar ninguém sem ter na mão seu bom cartão perfurado. Não é falha da máquina. É um equívoco tecnológico que supõe ser possível reduzir um ser humano a seus dados. Eu sou mais do que meu endereço e o número da minha carteira de identidade, e meu corpo é muito mais do que a minha altura, meu peso, e a circunferência do meu quadril. E se eu escrever minhas preferências e meus desejos nos bem-comportados espaços de uma ficha, ainda assim não me darei realmente a conhecer, nem conhecerei aquele cuja ficha bater em minhas mãos.

O correio sentimental e o computador ajudam a realizar o encontro, e podem até ser úteis para pessoas tímidas, solitárias, desenraizadas do seu meio social. Mas não têm nada a ver com escolha. Esta, apesar de todos os avanços da eletrônica, terá que se processar pelos mesmos canais de sempre.

É um salto no escuro, mas o inconsciente põe a rede

Por que o computador, capaz de armazenar centenas de dados a nosso respeito, não acerta quando tenta escolher alguém matematicamente capaz de satisfazer os nossos desejos e de preencher o modelo de companheiro que estamos procurando? Porque a escolha, qualquer tipo de escolha amorosa, é fundamentalmente *ditada pelo inconsciente.*

O raciocínio pode, e tenta, elaborar a escolha de forma lógica. Atraídos por alguém, somamos os prós e os contras, tentamos estabelecer as vantagens de levar adiante aquele interesse. Às vezes podemos até acreditar ter escolhido em obediência a esse levantamento. Mas a verdade é que as ordens vieram de uma parte de nós que, embora convocada desde o início, não foi consultada.

É ela que estabelece as verdadeiras semelhanças e arma os jogos sutis das diferenças. É ela que sabe do que realmente precisamos. Um amor se estabelece a partir da satisfação que pode nos dar. Não a satisfação mais óbvia, social, ou até mesmo sexual, mas a satisfação daqueles desejos de que nem mesmo temos consciência, e que são o movente de nossas vidas.

Às vezes, a nossa escolha lógica coincide com a escolha inconsciente. É quando nos sentimos equilibrados, saudáveis, maduros. Mas outras, tantas outras, escolhemos aquele que nos parece menos indicado, e que, apesar de todas as nossas reservas, não conseguimos deixar de amar. Então sofremos, nos descabelamos e gritamos aos quatro ventos que enlouquecemos, que um louco amor nos tirou a razão.

O amor não é louco. Sabe muito bem o que faz, e nunca, nunca age sem motivo, embora esse motivo possa permanecer obscuro para nós. Loucos somos nós, que insistimos em querer entendê-lo no plano da razão. Loucos e destemidos, que tendo que conviver com ele a vida inteira, aceitamos fazê-lo no escuro, pouco nos ocupando em manter o contato e o diálogo com a voz interna que o comanda.

A corte não morreu, mudou

Basta a palavra *corte* para que eu me sinta ligeiramente ridícula e absolutamente ultrapassada. Parece uma coisa que não se usa mais, como chapéu de palhinha, espartilho ou *cotillon*. Falo nisso para as amigas da minha filha, e é uma gargalhada só: "Se a gente for esperar que um homem nos faça a corte, morre sentada!".

Sentadas certamente não ficam. Vão elas mesmas ao ataque. E me explicam cândidas, como se eu fosse marciana: "Se um cara tem o direito de me *azarar*, por que eu não tenho o direito de *azarar* ele?". *Azarar* não é fazer a corte, é somente dar o primeiro passo, pedir o telefone, convidar para sair. (E não posso deixar de estranhar a escolha dessa palavra, que significa exatamente o que parece: dar azar. Como se o fato de ter sido escolhido implicasse má sorte.) Elas estão absolutamente convencidas de que a corte acabou.

Mas não são só elas. Mulheres das mais variadas idades se queixam de que "os homens não são mais como os de antigamente". Acabaram-se aquela cortesia de luvas brancas, aquele rondar solícito que antecedia a declaração de amor. Ninguém faz mais serenata debaixo da janela de ninguém. Os homens agora são diretos, quase agressivos, não fazem "romance", não cortejam.

Mas o que é a corte, afinal?

A maioria tem dela uma ideia romântica, que a faz coincidir com a definição de Aurélio Buarque de Holanda. Cortejar (do italiano *corteggiare*) é fazer ou dirigir cortesia, galantear, requestar, e mesmo, atenção, "lisonjear ou obsequiar com o intento de obter algo". E todo o espírito do *corteggiamento* suspiroso está nesta citação de *A dança*, de Martins Fontes: "Mensurado, donairosismo, diserto, dameja, corteja, galanteia, idiliza, enquanto um Monsenhor virtuose toca, num cravo liral marchetado... o minuete de Exaudet".

Os donairosismos mensurados andam um pouco fora de moda, e já não se tocam minuetes como antigamente. O máximo com que podemos contar é a canção romântica na voz de Roberto Carlos: "Eu sou aquele amante à moda antiga, do tipo que ainda manda flores...". O cantor alimenta o imaginário, as mulheres se veem procurando entre rosas um bilhetinho, e os discos do "rei" batem recordes de vendagem.

Da corte esperamos então que seja o prólogo, a *ouverture* do amor. Que nos prepare para as delícias que estão a caminho. E que nos diga, com a clara voz dos rituais, que antes mesmo da concretização amorosa já somos cobiçadas, desejadas, amadíssimas.

Mas os homens não se fazem mais anteceder por flores, não nos concedem semanas de expectativas e rapapés. Vão logo às vias de fato.

E porque não há mais *ouverture*, deduzimos que a corte morreu. Pela sua morte, aliás, já ouvi muitos culparem o feminismo, a nova postura assumida pelas mulheres (como se flores só fossem devidas a mulheres desmilinguidas). Mas olhando as meninas que "azaram", me parece pouco provável que elas, pessoalmente, tenham matado o que quer que seja.

No afã de apontar assassinos antes de encontrar o cadáver, esquecemos que os elementos importantes do comportamento humano não acabam, mas se modificam. E que a corte é importantíssima.

Era a chave que abria o Santuário

Ponho milho no peitoril da minha janela para alimentar os pombos. E porque costuma haver comida, eles vêm regularmente. E como vêm regularmente, deduzo que meu peitoril se tornou algo como um clube de pombos. E no clube, corteja-se. Já está ali a moça-pomba quando o macho chega. Há uma rápida catação de milho, da qual ele se utiliza sobretudo para olhar para ela. Aí, assegurado do charme daquela dama, o macho incha o peito, estufa a plumagem, abre a cauda em leque, e enquanto em pequenos passos roda e se pavoneia (evidentemente a expressão está errada, ele não é pavão, no máximo se "pombeia"), emite arrulhos cujo significado sou incapaz de traduzir, mas bem capaz de intuir.

A dama emplumada não parece lhe dar grande atenção. Mas é claro que percebeu o jogo, e é igualmente claro que tal lhe interessa, caso contrário fugiria dali. Ela portanto, como certas mulheres que se dizem "não cortejantes", está desempenhando aplicadamente seu papel de songamonga, e através dele responde ao pretendente. A seu modo, ela também está cortejando. Pois embora a aparência possa até não ser essa, são precisos dois para que a corte se realize. Mesmo no tempo em que era uma prerrogativa masculina, a verdade é que o cavalheiro só continuava seu doce ataque porque tinha esperanças de sucesso. E *essas esperanças lhe eram dadas pelo comportamento dela*, pelos sinais, mesmo tácitos, com que aceitava as homenagens. Aceitar, em amor, equivale a encorajar.

Mas voltemos ao peitoril. Dura pouco a dança exibicionista do macho. De repente, sem outro qualquer tipo de aviso prévio, está ele pulando sobre a dama, com aquela leveza penetratória que só as aves sabem ter na hora do ato. Acabou-se a corte. Logo o milho volta a absorver as atenções de ambos. Diz Aurélio: "... lisonjear ou obsequiar com o intuito de obter algo". O pombo não estava lançando seus arrulhos à toa. Ele queria algo assaz específico, e a maneira de consegui-lo entre os da sua espécie é arrulhando. Enquanto esse for o meio em uso, ele o utilizará. E parece que os meios, entre os pombos, variam menos do que entre os humanos.

A corte dos homens não pretende, afinal, nada de muito diferente da dos pombos. Procura-se, entre nós também, o acoplamento. A diferença está em que o acoplamento dos humanos pode envolver muito mais do que apenas o ato.

E aí é que entram as modificações de comportamento.

Enquanto o sexo da mulher foi considerado um santuário impenetrável, ou penetrável à custa de muita esforço de persuasão, os homens tiveram que desenvolver esse esforço. A ele chamou-se corte. E tanto mais demorava a corte quanto mais fosse virtuosa a mulher. Pois quanto mais virtuosa – leia-se mais integrada socialmente, mais "garantida" - mais desejável se tornava, levando o homem a redobrar sua dedicação. Cortes havia que duravam anos.

O sexo sendo então o ponto culminante do encontro homem-mulher, tudo tinha que ser estabelecido antes dele. Era quando se faziam o conhecimento, a avaliação de possibilidades, as medições de interesses românticos e econômicos. A mulher não podia se arriscar.

Sexo sem garantia significava, para ela, a perda da honra e o risco de gravidez. Precisava ter certeza de que o homem ao qual concederia afinal seus favores era o "homem certo", que não trairia suas promessas, nem a largaria depois de obter o principal, para ir catar milho em qualquer outro peitoril.

Por outro lado, o casamento era indissolúvel, e o noivado constituía um compromisso sério (noivas havia, e quantas, que, abandonadas pelo noivo, fugiam da vergonha trancando-se no convento). Fazia-se necessário um bom período de estudo antes de tomar qualquer decisão, pois qualquer mínimo avanço - como pedir autorização aos pais para namorar na sala - equivalia a acenar com uma aliança.

Por isso também a corte era atividade prevalentemente masculina. Tratava-se de uma iniciativa importante, pela qual se poderia ter que prestar contas. E nem as iniciativas de qualquer tipo cabiam às mulheres, nem se lhes atribuía senso de responsabilidade suficiente para prestar conta do que quer que fosse. Jamais alguém sonharia em fazer a uma moça a célebre pergunta: "Quais são suas intenções?".

Das mulheres esperava-se apenas que soubessem resistir. Não só aos mais fogosos assédios externos como à pressão interna dos seus próprios desejos. E que, aquiescendo em falsa indiferença, como as pombas, se mantivessem na moldura de passividade para elas estabelecida. Nesse quadro, a corte romântica, como algumas a fantasiam até hoje, fazia todo o sentido.

Mas o quadro mudou.

A nova ordem dos fatores não alterou o produto

Com os anticoncepcionais eliminou-se o perigo da gravidez. Com os movimentos de emancipação deslocou-se a honra feminina, que já não se encontra abaixo da cintura. A mulher deixou de ser a guardiã de um santuário para tornar-se a possuidora de um sexo cheio de desejos e livre de qualquer odor de santidade.

Isso elimina a necessidade de longos assédios. Não há propósito em insistir tanto para obter algo que não está sendo negado. Como no caso do pombo, uma pequena apresentação é mais que suficiente. E elimina também a divisão simétrica dos papéis; ele no ataque, ela na defesa.

Mas a modificação mais importante e menos evidente em todo o mecanismo da corte é outra: *ela ficou para depois*.

Por isso muitos pensam que desapareceu. Procuram por ela no lugar e na forma tradicionais, não a encontram, e saem alardeando sua morte.

Como vimos, a corte servia basicamente como um terreno de provas, para evitar desastres amorosos provocados por atos sexuais intempestivos. Esse tipo de desastre já não existe, pelo menos não com esse sentido. Se uma moça dormir com um cavalheiro e este sair de fininho na manhã seguinte, para nunca mais aparecer, ela não precisará entrar para o convento. Pelo contrário, poderá sair para a rua aliviada com a discrição do parceiro, com o qual, talvez, não tivesse a menor intenção de manter uma relação profunda.

Nessa situação, para quê corte?

Ponhamos agora o contrário: que o cavalheiro, tendo encontrado quase casualmente a moça, e tendo dormido com ela, percebeu que lhe agrada bastante e que, absolutamente, não quer sair de junto dela. Eis então que começará a agradá-la, a exibir seus dotes e seu potencial, a tentar seduzi-la de forma mais plena. É possível até que nos dias seguintes lhe traga um disco – substituto moderno para as flores –, a convide para sair, e que dali a mais alguns dias pare com ela para apreciar um belo pôr do sol.

Os mais incautos diriam que ele a está namorando. Eu digo que ele está lhe fazendo a corte, exatamente como se fazia no século passado, com a única diferença de que já dorme com ela.

Não sendo mais exigido grande conhecimento recíproco para fazer sexo, evita-se queimar cartuchos – ou gastar dinheiro em flores – inutilmente. Queimar-se-ão depois, se o sexo demonstrar-se afinado, prenúncio de um encontro mais amplo.

E a vantagem é que a mulher não precisa ficar parada, deixando-se rodear. Abandonadas suas atitudes de pomba, pode cortejar ela também no mesmo diapasão.

Dar o primeiro lance, ao contrário do que pensa a maioria, não é cortejar. Cortejar é dar o segundo, e o terceiro passo é tecer uma rede de sedução de muitos fios. Convidar, de forma explícita, ou quase, para um encontro sexual não é cortejar. A jovem que "azara" não está cortejando. Está convidando. A corte virá depois, para que se realize o conhecimento, se ela, ou ele, achar que vale a pena.

Ficamos sôfregos, exibidos, e... irresistíveis

Quer se realize antes, quer depois, nosso devotamento ao cortejar depende em razão direta do tipo de entrega que buscamos. Ao selecionarmos um parceiro para uma aventura breve, lhe dedicamos uma corte de idêntica brevidade, destinada justamente a deixar bem claro que não se trata aí de nenhuma paixão eterna. Uma cortezinha leve, superficial, se torna a maneira gentil de transmitir um recado que pode não ser agradável.

Isso não por cálculo, mas por necessidade natural de equilibrar nossa economia afetiva. Se não vamos investir além de um determinado ponto, também não queremos ser investidos além dele. Ser o amor de alguém, quando a gente não está a fim, dá um trabalho danado, e pode acarretar um sofrimento de todo imprevisível.

Já a corte de quem quer viabilizar o eterno é coisa de muita dedicação. Não se trata só de fazer serenatas, ou de trazer presentinhos, como a criança com a professora. Trata-se praticamente da primeira etapa do amor.

Todo nosso gesto, então, quer ser revelador. Queremos nos dar a conhecer, esperançosos de que, uma vez nos conhecendo, será difícil não nos amar. Ficamos exibidos, exigindo a atenção do outro o tempo inteiro. Fazemos gracinhas, mostramos todos os nossos talentos, agindo quase como menino-prodígio em sarau de família. Mas ao mesmo tempo, o senso crítico nos alerta para nossa sofreguidão, e, com medo de que ela possa espantar o objeto do amor, tentamos refreá-la.

Dolorosa e inútil providência, pois logo tememos que, controlado o impulso, nossas demonstrações de afeto – agora inferiores ao afeto em si – sejam insuficientes para operar a conquista.

"Não sufoque o outro", nos alertam os amigos. "Largue o pé", nos diz nossa própria experiência. Mas nós, sufocados de desejo, com o pé preso na armadilha do amor, já não sabemos bem onde estão os limites. Difícil é dosar aquilo que não é para ser dosado.

Sabemos porém que a nossa determinação e a intensidade do nosso sentimento são fatores fundamentais. E que, até mesmo antes de nos amar como pessoas, o outro pode amar em nós o nosso amor por ele, como Narciso ama o espelho que lhe devolve uma linda imagem de si. Diante de tanto elã, será levado a perguntar-se: "Que pessoa é esta, que tanto me quer?", e forjará a resposta: "Se me quer tanto, é porque viu os meus valores e entende aquilo que nem me esforcei para lhe mostrar. Sem dúvida, é uma pessoa sensível".

Então empenhamos tudo, lançamos mão de todos os recursos. Mas, se por um lado o impulso de ir buscar o amor nos fortalece, pelo outro o fato de depender tanto da resposta nos torna completamente vulneráveis. Divididos e iluminados, prosseguimos, porém na corte. Uma corte que se confunde com o namoro e que, permeando a relação, pode, como as de antigamente, durar anos.

Quero tanto te conhecer

"Ela está em pé sobre minhas pálpebras
E seus cabelos estão nos meus.
Tem a forma das minhas mãos,
A cor dos meus olhos.
Ela se esbate em minha sombra
Como uma pedra no céu."
Paul Éluard

Amor, amado meu, eu queria tanto, tanto te conhecer, esgueirar-me lentamente no teu corpo, deslizar meus dedos por dentro das tuas mãos e fazer dos teus dedos minhas luvas, aconchegar-me em ti, respirar teu pensamento. Amor, amado meu, eu queria tanto ser você, sem deixar de ser eu, porque assim, com certeza, para sempre me amarias.

Mas o que é, afinal, "ser o outro"? Diz Melanie Klein em *Amor, ódio e reparação*: "Ser verdadeiramente capaz de consideração significa que somos capazes de nos colocar no lugar de outras pessoas: identificamo-nos com elas. Ora, essa capacidade de identificação com outra pessoa é [...] condição para autênticos e fortes sentimentos de amor. Só seremos capazes de desconsiderar ou até certo ponto de sacrificar nossos próprios sentimentos e desejos, e com isso de temporariamente colocar em primeiro plano os interesses e emoções do parceiro, se tivermos a capacidade de nos identificar com a pessoa amada".

Amar, então, é a capacidade de estar no lugar do outro, de saber como ele pensa, quais são os seus desejos. Só posso colocar em primeiro lugar as emoções do parceiro se sei quais elas são. Se amo sem conhecer, não estou amando outra pessoa, nem querendo satisfazer os seus desejos. Estou querendo satisfazer os meus através dela, que uso como suporte das minhas fantasias. Amando, quero a transparência, quero ver através.

"Ele é tão bom", me diz a moça apaixonada, "tão doce, tão transparente!" Me encanto com o encantamento dela. Percebo que na boca do amor essa palavra não se relaciona com um simples fenômeno da física, mas é sinônimo de pureza. Ela me diz que ele é transparente para dizer-me que é puro.

Se fosse transparente e cafajeste, será que a transparência teria para ela idêntico valor? Provavelmente não. Manteria o valor da sinceridade, mas perderia a característica de pureza. Seria quase transformada em "fraqueza de amor", levando-a a dizer com ar compreensivo: "Ele apronta, mas acaba me contando tudo". Um cafajeste não é puro, mesmo se é sincero; não acreditamos em pureza setorizada.

Por isso também, embora lutando pela transparência em qualquer situação, sempre pensamos nela como reveladora do bem, e não do mal. No fundo, queremos que ela nos sirva como reforço, *garantia daquela felicidade que já intuímos*. De um indivíduo que nos ama, mas que se nos apresenta opaco, pensamos: "Ele é bom para mim, eu o vejo bom. Mas pode estar me enganando". Já daquele que vem a nós deixando-se ver, pensamos: "Vejo através dele, dentro dele, e sei que não está me enganando. Ele é bom, e eu posso amá-lo serenamente".

Dize-me como te sentes e te direi quem sou

Não é só no amor que precisamos de conhecimento. Queremos sempre saber. O que mais nos interessa é a vida, que tentamos conhecer através da nossa própria e da vida alheia. Biografias, autobiografias, jogos da verdade, mexericos, depoimentos, entrevistas, confidências, confissões, sessões de análise nos permitem viajar por dentro das emoções. Não é sem razão que os veículos de comunicação de massa expõem cotidianamente a vida íntima de milhares de pessoas, atraindo com isso milhões de consumidores. Eu não conheço a duquesa de Kent. Não tenho pessoalmente nela o menor interesse. Sua atuação não afeta a minha vida. Mas se ela, em livro, artigo ou televisão, descrever com detalhes como se sentiu num dia em que o vento levantou sua saia em praça pública e fotógrafos do mundo inteiro puderam flagrar suas calcinhas, isso me interessa. Quero saber de nobres calcinhas? Não, quero saber de sentimentos.

Nossa angústia existencial vem do *não conhecimento*. Não sabemos por que estamos aqui. Não sabemos por que, inexoravelmente, teremos que ir embora. Não sabemos por que as coisas nos acontecem. E por que essas coisas, em vez de outras. E embora em meio a tantos desconhecimentos, queremos muito acertar, queremos saber reagir de modo a fazer com que essas coisas aparentemente aleatórias se transformem em fontes de felicidade para nós. Mas ao enfrentar cada nova experiência de vida, percebemos assustados que *não temos dela nenhuma experiência anterior* capaz de nos ajudar em nosso esforço de acerto.

Tenho 46 anos. Tenho a experiência desses 46 anos de vida. Mas dentro de alguns meses farei 47, e breve terei 50. Não tenho nenhuma experiência relativa aos 50 anos. Nunca tive 50 anos antes. A ideia de enfrentar o meio século sem nenhuma informação a respeito não é confortante. Então ouço da boca dos que já têm 50 e me tranquilizo. Assim eu, assim todos. Meu marido se excede na reclamação, depois brinca com as filhas: "Desculpem, mas eu nunca fui pai antes". E elas rindo respondem: "Nós também nunca fomos filhas". Estão, na verdade, esvaziando a tensão de andarem às apalpadelas.

Angustia-nos a possibilidade de errar, porque sabemos que *não teremos outra oportunidade*. Ninguém vive duas vidas. Temos que aprender rápido, aprender o máximo possível, antes que o bonde passe. E a melhor forma de aprender é através da narrativa dos outros, através do conhecimento de suas vidas e de suas emoções.

Ninguém quer se mudar sem conhecer a casa

Se amo o outro, quero que o outro me ame. E por amor e por querer, me dou a conhecer. Conto, falo, abro portas. Aos poucos, o outro me desvenda, faz seus os meus segredos. E nesse fazer se apropria de mim. Aos poucos, por amor, por desejo, por conhecimento, ele me possui, transferindo-me para dentro de si, para dentro do seu corpo psíquico.

Que "casa" é essa para onde vou? Se eu não souber, a angústia me sufoca, não quererei ir, cravarei os pés na soleira da porta, usarei todas as minhas defesas.

Por que as crianças gostam tanto do episódio da baleia na história de Pinóquio? Porque mostra que é possível sobreviver depois de ter sido engolido. E que é possível sair do ventre alheio. Mostra a realização desse trânsito tão assustador entre o lado de dentro de um corpo aparentemente voraz e o lado de fora.

O amor é a volta ao lado de dentro. No ventre da baleia Pinóquio encontra mesa, cadeira, uma vela e fósforos. Estabelece a sua casa, tem luz e calor. Como um feto, está protegido e a salvo do mundo. Ele não é processado como alimento e expelido pelo ânus, sob forma de fezes. Mas sai por onde entrou, inteiro.

No amor vivenciamos o parto ao contrário. Mas para fazê-lo com felicidade, precisamos conhecer aquele que nos introjeta. Precisamos ter certeza de que se trata de uma nova gestação, e não de um ato canibal, de que encontraremos velas e fósforos, e não seremos triturados para triste fim.

Qualquer passo em falso faz disparar o alarme

Por amor, quero avançar dentro do outro, intrometer-me (meter-me dentro), porque por amor é necessário trazer o outro para dentro de mim. E para isso preciso conhecê-lo, ter confiança em que não me fará mal, não intoxicará meu organismo como um feto envenenado. Para abrir simbolicamente meu corpo quero ter certeza de que o hóspede me será doce. Mas então por que, enquanto avanço, ouço de repente gritos de alarme e o amado barra meu caminho e quase me expulsa?

Que entrada tão difícil é essa! Duas vontades a regulam, em dois diferentes sentidos. Há o avanço que eu faço dentro do outro, através do seu conhecimento de mim e do seu processo de me engolir. Este ele regula (ou pensa regular, pois os seus conhecimentos de mim são subjetivos: não correspondem forçosamente a mim, mas sim àquilo que ele de mim pensa saber). Ele me introjeta e não se assusta.

Mas há também o avanço que eu faço, ou tento fazer, aumentando meu conhecimento do outro. É o meu processo de engolir e, ao mesmo tempo, aquele que permite meu consentimento para ser engolida. Este quem regula sou eu. E pode ser muito assustador para ele, *sobretudo se ultrapassar o seu desejo de desnudamento*. Equivale a estar tomando banho e ver de repente alguém que nos espia pela janela.

Embora querendo que o amado nos conheça, estabelecemos limites. Esses limites correspondem ao nosso desejo de interpenetração. Quanto mais desejamos penetrar no outro, quanto mais o outro é um objeto de amor valioso para nós, tanto mais permitimos que ele também nos penetre e nos possua. Mas se não tivermos certeza de que o outro é aquele objeto de amor total e insubstituível que havia tanto procurávamos, ligaremos alarmes para impedir que ele adentre demais em nosso território.

Qualquer passo em falso, qualquer aceleração excessiva, pode causar uma parada nesse delicado trânsito, ou até um recuo. Sem que isso porém seja definitivo. Logo, como animais assustados que se esconderam atrás de pedras, os amantes botam suas cabeças para fora lentamente, lentamente abandonam as posições defendidas e recomeçam a tatear suas almas.

Perigosa é a mentira. Ela estabelece um jogo de espelhos que embaralha o conhecimento e destrói a confiança. Aquele que mente engana o outro duplamente: porque se esconde atrás da imagem que o outro tem dele; e porque, deixando o outro acreditar que o conhece, mantém aberto o trânsito deste enquanto tranca o seu próprio. Assim, o que mente não está se deixando penetrar realmente, mas o que é enganado está com suas defesas todas abertas.

Daí porque a dimensão do susto, ao descobrir uma mentira, é às vezes muito maior do que a mentira em si. O que de repente nos enche de pânico não é propriamente o fato que havia sido escondido, mas sim o conhecimento de que abrigávamos em nós um objeto estranho e de que, acreditando habitar com segurança o corpo amigo, a vela dentro dele estava havia tempos apagada. Sofremos, mesmo que o dano tenha sido pequeno, pelo risco incomensurável que corremos.

E às vezes trancamos as portas do nosso conhecimento, toldamos nossa transparência, expulsamos o outro de dentro de nós. E, na maré, saímos de dentro dele.

Quem conhece hoje não sabe do amanhã

No início do amor falamos exaustivamente. Queremos nos explicar, contar o passado, mostrar os retratos de infância, as coisas mais preciosas que temos, entregar nossos pequenos tesouros. Queremos, em poucas horas, preencher com a presença do amado aqueles anos todos em que não o conhecíamos e que de repente, sem a sua presença, correm o risco de perder o sentido.

Falamos, atropelando com nossas palavras as palavras dele, para queimar etapas e chegar logo ao conhecimento recíproco que nos permitirá a paz. Mas a ânsia de chegar pode nos levar a equívocos.

O outro fala, explica, mostra. Achamos que o conhecemos cada vez mais. E chega um ponto em que temos a impressão de realmente conhecê-lo bem. Nesse momento, se o amado corresponde às nossas expectativas, respiramos aliviados. Sabemos quem ele é, podemos nos assentar tranquilamente no amor.

A sensação desse conhecimento é tão boa, tão repousante, que o nosso desejo é "congelá-la", como se diz das imagens de cinema que subitamente param na tela. Não queremos sair dela, não queremos que se altere.

Porém, ao congelar a sensação de conhecimento, estamos, de fato, congelando o próprio conhecimento. Encerramos as pesquisas, não procuramos ir mais além. Procedemos um pouco como a mãe que, tendo trocado as fraldas do filho e acompanhado seus passos até a adolescência, está certa de conhecê-lo totalmente para o resto da vida.

Ora, como o filho, nosso amado também se modifica. Alheio ao nosso congelamento, continua sua trajetória evolutiva, afastando-se progressivamente da imagem dele que conservamos dentro de nós. Assim, enquanto repousamos tranquilos certos de que, conhecendo suas emoções e seus desejos, estamos fazendo tudo para satisfazê-los, ele está longe. E em vez de satisfeito, sente-se rejeitado, pois satisfazemos desejos que já não correspondem aos seus, enquanto os seus verdadeiros ficam ignorados e sem satisfação. Nós adoramos a bela fotografia que tiramos dele, enquanto ele espera em vão que olhemos para o seu rosto.

Às vezes, tendo descoberto a distância que separa a imagem da realidade, nos enfurecemos, não contra nós mesmos que não soubemos ver, mas contra o outro. Então o acusamos de traição, como se, ao deixar de ser aquele que havíamos tão cuidadosamente escolhido, tivesse cometido grave falha de amor. "Você não é mais aquele!", exclamamos, quase a pedir-lhe que, se nos quer, volte por favor a ser como antes.

Por outro lado, ao congelar o conhecimento que temos dele, estamos, sem perceber, congelando o conhecimento que ele tem de nós. Achamos que, tendo nos conhecido e nos amado através desse conhecimento, ele deverá continuar a nos amar indefinidamente. Ora, *o modo que ele tem de nos conhecer não é sempre o mesmo, porque os olhos com que nos desvenda também não são os mesmos.*

Embora não nos demos conta disso, cada pessoa nos conhece de um modo, mesmo que tendo o mesmo grau de intimidade. Tenho certeza de que não sou a mesma para as minhas melhores amigas, e que cada uma faz de mim um retrato diferente, apesar de parecidos entre si. Cada uma delas desenvolve com maior intensidade o seu conhecimento de mim na área que mais lhe interessa e que, de alguma maneira, mais se aproxima da sua sensibilidade. Paralelamente, deixa inexplorados lados meus que não a atraem. E com certeza uma mecânica semelhante opera do meu lado, fazendo com que eu mostre mais certas partes de mim a uma do que a outra.

O mesmo processo pode acontecer com o amado. Ele começa a nos conhecer através de sua sensibilidade, captando mais aqui do que acolá. Mas aos poucos, mudando ele internamente, muda também o seu modo de captar, mudam os seus pontos de interesse. Ele então adquirirá de nós conhecimentos que não tinha antes, e que nós – em nosso processo de congelamento – nem suspeitamos que tenha.

Do peso que dará a cada novo conhecimento dependerá a continuação, ou não, do seu amor por nós.

Mais que os miosótis valem as urtigas

Na embriaguez verbal dos primeiros tempos, começamos mostrando somente o que temos de mais bonito. Oferecemos ao outro os miosótis da nossa alma. Mas logo percebemos que só isso não nos basta. Se ele os conhecer todos, ainda assim nos sentiremos desconhecidos, e permaneceremos em extremo perigo. Pois atrás dos miosótis crescem urtigas espinhentas, e é através delas que queremos ser amados. Amar as minhas belezas qualquer um pode, é fácil demais. Mas para amar os meus defeitos é necessária uma pessoa especial, aquela a quem eu também amarei.

Então, com quanto medo, começamos a oferecer os espinhos, um por um. Mostramos o primeiro, esperamos em ânsia para ver a reação. Se tudo correr bem, se o outro não sair desabalado, damos uma descansada cheia de miosótis. Nem sempre é fácil ir adiante, às vezes leva-se muito tempo até o próximo passo. Mas chega um ponto em que nos sentimos obrigados a recomeçar o desnudamento. E o processo é tanto mais doloroso porque temos certeza de que, nus, somos horrendos. Mas é horrendos que queremos ser amados.

Lembro-me de um caso psiquiátrico. Uma psicopata, desejando reafirmar o amor do seu terapeuta por ela, foi ao seu encontro coberta de fezes. Expunha assim, externamente, a loucura da qual se sentia repleta e que vivenciava como uma coisa repugnante, fedorenta, horrível. Se o terapeuta a amasse realmente, a receberia assim mesmo, imunda, e a lavaria, demonstrando que seu afeto tinha o poder de "limpar" a loucura. Por sorte, foi isso que aconteceu, permitindo que mais tarde, tendo recuperado a organização mental, ela fizesse o relato dos sentimentos que a moviam naquela ocasião.

Guardadas as devidas medidas, é isso que esperamos do amado. Que ele nos olhe no momento em que nos sentimos mais feios, menos amáveis, e nos repita o quanto nos acha lindos. Precisamos dessa aceitação, não somente porque amando-nos na feiura temos certeza de que nos ama realmente, mas pela extrema necessidade do processo de purificação que só os olhos do amado podem realizar. Se ele, *que se transformou em nossa verdade*, nos vê bonitos, é sinal de que *somos* bonitos, e podemos começar a amar, assim como ele os ama, aqueles defeitos que antes nos acabrunhavam tanto.

O amor do outro viabiliza o nosso amor por nós mesmos. Essa é a razão pela qual nos é difícil viver plenamente felizes se estamos conscientemente escondendo do amado os nossos defeitos. Não é o medo de que ele possa vir a nos descobrir e a nos desamar. Esse medo existe, mas é acalmado pela certeza de que podemos controlar os seus passos, nas tentativas em que tenta ampliar seu conhecimento de nós. O que nos impede a felicidade é que, como demonstra o fato de escondê-los, esses defeitos nos parecem abomináveis, suficientes para que ninguém nos ame, suficientes, sobretudo, para que não nos amemos. E sem amar a nós mesmos não há felicidade possível.

Quantas e quantas vezes, presos nesse tipo de armadilha, acabamos criando uma situação-limite para obrigar o outro a nos desmascarar e, eventualmente, nos salvar. Assim, embora aparentemente felizes, armamos um sério desencontro, geramos um terremoto na relação, capaz de deixar bem à mostra aqueles defeitos que antes acuavam escondidos. Capaz, sobretudo, de obrigar o outro a nos conhecer realmente e a estabelecer uma nova escolha que nos inclua como somos, ou nos exclua de todo.

A insatisfação gerada pelo encobrimento da nossa real natureza é tão intensa que chega um momento em que correr o risco de perder o amado nos parecerá um mal menor do que o prolongamento da situação.

Com defeitos ou qualidades, o conhecimento é a única arma de que dispomos para enfrentar a grande viagem do amor, com esperança de sucesso. É a nossa bússola. E uma bússola ainda mais preciosa porque, além de tentar nos levar no rumo certo em direção ao outro, mantém a agulha imantada no rumo de nós mesmos.

Da boca pra fora

"Todas as cartas de amor são ridículas", escreveu Fernando Pessoa. Estaria exagerando? Talvez. O que ele certamente quis dizer é que a palavra de amor, que ao ser dita nos soa terna, doce, acolhedora, perde, ao ser imobilizada no papel, toda a sua leveza. Como uma libélula atravessada pelo alfinete sobre o fundo de veludo, afasta-se definitivamente da sua realidade viva, para se transformar numa espécie de contrafacção de si mesma, entidade rígida e seca que em vão tenta imitar a alada magia que lhe deu origem.

Isso porque exatamente como a libélula que, morta, perde a capacidade de voar, a palavra de amor escrita perde a amplidão de sua abrangência. Uma palavra de amor dita pela boca que ama não é apenas ela, palavra. É toda a imensidão do sentimento amoroso que quer transmitir. Nesse sentido, seria qualquer coisa semelhante a um *ideograma falado*. Um caractere chinês, por exemplo, pode ser formado de elementos visuais – como o desenho estilizado de uma casa ou de um corpo humano – somados ao caractere de outra palavra, chegando assim a um terceiro resultado, que advém da soma dos outros dois. O mesmo acontece com a palavra de amor. Se a pessoa que amo diz para mim "eu te amo", entendo que, como eu, ela está em ânsia e êxtase, que me deseja, que me necessita... entendo, enfim, todo um universo de sentimentos que a palavra em si não contém. A palavra de amor é sempre um *frasco pequeno demais para conter o caudal irrefreável que a provoca*.

E não só entendo aquilo que factualmente ela não me diz como, embora sendo a frase "eu te amo" sempre a mesma, entendo coisas diferentes a cada novo amante que a pronuncia. Pois, exatamente como no ideograma, mudam os elementos que a compõem. Se é um homem casado quem a diz, entendo que a força do seu sentimento por mim veio apagar ou diminuir - pelo menos naquele momento - o sentimento que sentia pela mulher com quem vive. Mas se a frase vem de um rapaz de 20 anos, deverei deduzir que ele me ama apesar da diferença de idade, e que seu amor me torna muito mais desejável do que as mocinhas da sua idade que a sociedade acha mais convenientes para ele. De duas frases idênticas deduzi uma idêntica base - que é o amor por mim -, mas dois conjuntos sentimentais completamente diferentes. De um pensarei que posso vir a ser um amor para a vida, e do outro extrairei uma inegável sensação de rejuvenescimento.

Essa é a razão pela qual o diálogo amoroso é composto de frases feitas, como "eu te amo", "nunca amei ninguém como você", "você é tudo o que eu sempre sonhei", "você mudou a minha vida". Frases estas que, no próprio ato de escrevê-las, me parecem ridículas como as cartas pareciam a Fernando Pessoa, e me remetem logo a novelas mexicanas, quando na verdade eu própria já as disse mais de uma vez sem que a sensação de ridículo sequer me aflorasse.

A frase feita não vale pelo que diz. Mas funciona como um *passe-partout*, chave que nos permite penetrar no mundo *indizível* do amor. E porque é tanta a nossa ânsia de penetração nesse mundo, logo não nos satisfazemos mais com as frases feitas já existentes - como se com o uso se desgastassem, rodando em seco naquela fechadura que antes abriam tão facilmente - e criamos frases novas, "nossas", ainda mais eficazes do que as outras no seu poder evocador, porque ligadas a mínimos fatos comuns que as imantaram de segredo e cumplicidade, transformando-as em senhas.

A fala mais bonita é também a menos sincera

Porém, escritas, essas frases perdem a capacidade mágica de nos conduzir a outros mundos, ficando reduzidas apenas à platitude de sua repetição. O que as torna ridículas não é a pobreza vocabular em si, mas sim a aparente inadequação. Colocadas num contexto amoroso tonitruante, se nos afiguram insuficientes, deslocadas, e absolutamente aquém dos sentimentos que pretendem traduzir.

Para evitar esse efeito, *a literatura falsifica o discurso amoroso*. Os amantes literários não se comunicam através do código das frases feitas, dos ideogramas falados. Eles falam, ou tentam falar, tudo o que o ideograma geralmente representa. Daí a comovente verborragia dos heróis românticos, que adjetivam, enfeitam, emplumam aquilo que os amantes reais apenas subentendem.

A linguagem amorosa literária é totalmente falsa. Mas nos agrada porque concretiza aquela longa fala interna que intuíamos sem verbalizar. Reside nisso, aliás, a diferença que faz com que essa nos pareça sublime, enquanto a das cartas nos soa como ridícula. É porque nas cartas, quando são verdadeiras cartas de amor, o amante não falsifica, não enfeita. Escreve como fala, usando as frases do dia a dia, certo de que, decodificadas por olhos amorosos, elas não serão "lidas", mas "ouvidas". Assim, enquanto escrevemos de um só jato e sem hesitação para alguém que nos ama, sofremos e titubeamos na escolha das palavras que se dirigem a alguém de cujo amor não temos certeza. Sabemos que esse não será um "ouvinte", mas um leitor severo que dará a cada palavra seu peso específico, e não mais do que isso. Um leitor disposto a detectar o ridículo.

Entretanto, iludidos às vezes pela beleza das longas declarações de amor literárias, suspiramos no desejo de que semelhante loquacidade nos seja dirigida na vida real. Não percebemos que desta justamente deveríamos desconfiar, porque é sempre estudada mais com o fim de nos seduzir do que de nos transmitir a autenticidade de um sentimento. É comum, aliás, as mulheres sonharem com a figura do poeta que lhes dirigiria de viva voz, ou até mesmo em pequenos bilhetes domésticos, frases tão belas quanto as que habitam seus poemas. Já uma vez uma moça me surpreendeu dizendo que imaginava a beleza das cartas trocadas entre mim e meu marido.* Imaginava, com certeza, peças literárias caprichadas, cheias de crepúsculos e florações. Mal sabia que antes de serem escritores, dois amantes são amantes, e que suas cartas, como

---

* O poeta Affonso Romano de Sant'Anna. (N. E.)

as de qualquer casal, são cheias daquelas frases bobas e secretas com que o amor melhor se expressa.

A palavra, tatuagem da alma

Quantas vezes já disse ao mesmo homem "eu te amo"? E quantas vezes lhe repeti frases como "eu te acho tão bonito", ou "você é gostoso demais"? Quantas e quantas vezes lhe disse as mesmas coisas? Infinitas. *A linguagem do amor é repetitiva,* como a linguagem da mãe com seu bebê.

Gosto de me encantar diante desse ritual da fala materna. Ao bebê que mal – ou nada – fala, a mãe não se contenta em dizer uma única vez a frase ou a palavra. Ela não diz apenas, apontando para o cachorro, "au au". Ela o diz e logo em seguida, sem perceber, repete "au au"! A mãe não repete por gosto, mas porque, enriquecendo ludicamente a palavra através da entonação e da mímica, está, de forma instintiva, desenvolvendo uma ação didática. Está imprimindo na criança a superposição palavra/objeto.

O mesmo acontece entre os amantes. Quando digo ao meu homem "eu te amo", e em breve repito a mesma frase, há em mim a transbordância do sentimento que me leva a falar, mas há também o desejo de fazer com que o outro apreenda para sempre o meu amor. Através da frase, estou querendo *me imprimir no outro indelevelmente,* para que nunca, nem mesmo depois do término do nosso amor, ele possa me esquecer.

O mais curioso é que, embora imprimindo-me através das palavras, serão elas as primeiras a desaparecer. De tantas coisas que nos dissermos, ele lembrará apenas uma frase aqui e outra acolá, provavelmente as que nem sequer repeti. E não terá nem mesmo certeza se a frase era aquela, ou se ele a distorceu em sua memória. Externada através de palavras, conhecida e possuída através de palavras, ficarei eu no final, sem elas.

Falar mal, mas falar de ti

Como em qualquer ritual, o discurso amoroso tem uma ordem preestabelecida que não pode ser alterada. Para o bem do entendimento, as falas da segunda parte não podem anteceder as da primeira. Assim, o "eu te amo" antecede o "nunca pensei que você fosse capaz de fazer isso comigo". Ou então pode até seguir-se a ele, mas já com outro sentido, não mais inicial, mas de reconstrução.

Podemos até dividir essa ordem de forma ritual bem esquemática:

Eu em relação a você. É o primeiro passo, quando externamos ao outro as nossas intenções amorosas e lhe dizemos o que sentimos por ele. É o *introito*, em que colocamos o outro como nosso deus, capaz de reunir em si todos os adjetivos e todas as magnificências.

Eu em relação a mim mesmo. Incensado o nosso deus, começa a fase do *ofertório*. Queremos então ofertar-lhe tudo de nós, a começar por nosso passado. É o período das longas revelações que começam com a frase: "Quando eu era criança...".

Nós. É o momento da *comunhão*, quando, tendo entregado todos os nossos tesouros, começamos a construir projetos comuns. A fala se faz plural. Não falamos em nós mesmos sem incluir o outro.

Eu sem você. É o fim da fala plural, a volta ao singular. Algo como *ite missa est*. A relação acabou. Mas nem sempre acabou o amor. O diálogo então se transforma em monólogo. E em vez de falar *para o outro*, começamos a falar *do outro*.

A primeira vez que fui a Paris, mal vi Paris. Um amigo sofrendo de dor de amor me arrastou para a margem do Sena e durante horas no primeiro dia e horas no segundo dia me falou de sua amada que tinha ficado no Brasil. A partir de um certo ponto, não havia mais o que dizer, sobretudo a mim, que já sabia do caso. Mas assim mesmo meu amigo não conseguia se desprender "dela", encerrando a conversa. Então, ficava repetindo as mesmas coisas, virando a história de um lado para o outro como uma panqueca. Falar da amada comigo que a conhecia, depois de meses de afastamento e de silêncio, era de alguma forma tê-la novamente presente. E talvez tenha se dado conta de que aquela distância, que ele havia posto entre os dois viajando logo após a ruptura para evitar o sofrimento de reencontrá-la, havia se transformado em um sofrimento maior, impedindo-o de falar e ouvir falar dela, e de desgastá-la progressivamente através das palavras.

Se estou feliz, pouco falo do meu amor. Porque tenho pudor de agredir com a minha felicidade pessoas que talvez nunca tenham tido uma felicidade semelhante (a felicidade, por ser plena, sempre nos parece maior do que aquela que qualquer outra pessoa, e até nós mesmos, tenhamos podido ter). Porque tenho medo de atrair a ira dos deuses da China (antigamente, os camponeses chineses aos quais nascesse um filho homem lamentavam-se em altos brados de que a sorte madrasta lhes havia enviado uma mulher, a fim de que os deuses não deitassem os olhos sobre o menino e não quisessem tomá-lo). E porque *a felicidade amorosa é uma situação resolvida*, que dispensa palavras ou elucubrações mentais.

Se serenamente nos amamos, não preciso fazer nenhum esforço para entender o que está acontecendo. *O amor não exige ser entendido*. Vivê-lo é mais do que suficiente. Sob o seu domínio, me torno doce e *passiva*.

Mas se meu amor não é correspondido, se a pessoa a quem amo subitamente deixou de me querer, tenho a certeza de que alguma coisa pode ser feita para restabelecer a antiga harmonia, desde que eu saiba qual. O desacerto *me exige uma solução*. E eu falo e torno a falar contando várias vezes as mesmas coisas, como quem percorre um labirinto voltando sobre os próprios passos, certo de que, de repente, achará a saída naquele mesmo lugar pelo qual já passou sem ver nada. Infeliz, preciso *atuar*, para sair do sofrimento.

Do doce diálogo ao silêncio

O diálogo amoroso é igualmente feito de silêncios. Não somente o silêncio de um enquanto ouve o outro. Mas também os silêncios em que ambos, calados, continuam seu discurso.

São aqueles momentos – tão frequentes sobretudo depois do encontro sexual – em que felicidade e apaziguamento se fazem tão intensos a ponto de superarem as possibilidades da fala. A paz se estabelece no *não dito*, pois qualquer palavra representa um risco de ruptura na perfeição desse equilíbrio.

Se estou tão perturbadoramente feliz me calo, porque não me ocorre nada, absolutamente nada que eu pudesse dizer. A plenitude faz de mim um ser anterior à palavra, me remete à condição de bebê alimentado e enxuto, beatífico na satisfação de todos os seus desejos.

E porque conheço a essência do meu silêncio, ouço no silêncio do amado o mesmo sentimento. Pela primeira vez seu silêncio me tranquiliza como uma declaração de amor. E nem me ocorre perguntar: "O que é que você está pensando?".

Falar do mundo para vivê-lo

Precisamos da fala para dialogar com nosso amado. Mas precisamos do amado para *dialogar com a vida*. Esse é talvez o lado mais bonito do amor.

Com aquele que me ama e me conhece elaboro minhas vivências, minhas interrogações. Não preciso ter pruridos com o que digo, nem com as palavras que uso para dizê-lo. Meu amado sabe a mim e a minha fala, e com ele posso me permitir a espontaneidade de um pensamento apenas expresso em voz alta.

Se estou sem amor, falo sozinha. Não para falsificar uma presença e fingir para mim mesma que não estou só. Mas porque o pensamento é mais volátil que a palavra, mais independente; sai por atalhos e parênteses, abandona o assunto que o despertou – e que, entretanto, era importante – para divagar em outros, talvez mais amenos mas menos instigadores. É na palavra formulada, na sequência da frase dita, que meu sentimento se organiza, estrutura a sua coerência.

Mas muito mais enriquecedor se faz se, externado quase sem compromisso, volta a mim acrescido do sentimento de outra pessoa, deixando assim de ser somente individual para aproximar-se do coletivo. Esse trânsito posso, e preciso, fazê-lo com amigos. Porém é na identificação do amor, em que as defesas foram retiradas, que ele se faz mais fluido e mais constante.

Os espaços em que ele vive

Olho os favos que o homem retirou da colmeia. E lambendo mel dos dedos penso que o amor é assim mesmo, cheio de vazios como casa de abelha. Mas em parte me engano, porque o amor não tem essa regularidade geométrica, essa organização previsível. O vazio pode aparecer quando menos o esperamos, desorganizando o que existia e impondo suas regras. E embora quiséssemos o amor compacto, mantido sempre no ponto máximo de fusão dos amantes, são justamente estes vazios que lhe dão elasticidade, permitindo-lhe respirar e manter-se vivo.

Amo meu amado de uma forma quando ele está presente. E de outra forma o amo quando ausente. Sem que de uma possa dizer que é maior ou mais intensa do que a outra, posto que, diversas, despertam diferentes áreas do meu sentimento.

O amado ausente não deita em minha cama. Sua ausência é antes de mais nada a ausência do seu corpo. E o corpo, nem a imaginação recria. Procuro seu rosto no retrato, passeio por sua pele na memória, mas embora possa reviver na lembrança o prazer que ele me dá – e com quanta intensidade! –, é um prazer sem orgasmo. E se por acaso tento completar a lembrança com a masturbação, em busca daquela plenitude física vivida juntos, encontro a embriaguez, mas não a alegria. E em vez de diminuir a distância que nos separa, torno sua ausência ainda mais evidente, na frustração da busca malsucedida.

Então meu corpo entra em ritmo de espera, e assim como arrumo a casa e planejo as flores com que a enfeitarei no dia da sua chegada, assim também trato do meu corpo como se fosse um objeto fora de mim, um objeto dedicado a ele, que lavo e estendo ao sol e massageio com óleos e perfumo e aliso, para que sobre a cama o receba, tão inaugural e tão domesticamente reencontrável como os lençóis limpos e passados sobre os quais nos deitaremos.

Todos os dias, quando o desejo orienta meu corpo em direção a ele, invento o momento do encontro que nos espera, sabendo perfeitamente que não acontecerá como eu o invento, mas que será enriquecido por todas essas invenções que, como suas mãos quando chegar, me preparam para o prazer.

Cupido trabalha nos correios

Se o corpo do amado ausente é impossível de alcançar, ele próprio se torna na distância ainda mais próximo. Pois enquanto o físico exige estímulos concretos, o sentimento pode não só viver de si mesmo por algum tempo como até mesmo se agigantar graças à farta alimentação fornecida pelo imaginário.

Que doce companhia é o amado ausente! Não reclama de nada, não impõe suas vontades, e está até despido de suas pequenas manias que, relembradas fora do contexto atritante da convivência, nos fazem sorrir benevolentes e carinhosos, como a lembrança daquela pinta no canto da boca ou das pequenas rugas que se formam em volta dos seus olhos ao sorrir, sinais particulares que nos servem agora para tornar a sua lembrança ainda mais consistente.

Mas a ausência da pessoa amada é diferente dependendo do lugar onde se encontra, se é longe ou perto, se é lugar que conhecemos ou terra desconhecida. E, sobretudo, se há possibilidade de alcançá-la por carta ou telefone.

Se a carta é possível, mais fácil fica manter o diálogo. Então saímos, encontramos os amigos, vamos ao trabalho, ao clube, às compras, e todos os que nos olham e conversam conosco nos veem sozinhos e acreditam que estejamos temporariamente desemparelhados. Mas a verdade é que, embora sozinhos, continuamos formando um par, e ao nosso par nos dirigimos em pensamento, no meio daquela mesma festa em que os outros, não podendo vê-lo, lhe ignoram a presença. Em silêncio conversamos com o amado, fazemos aquelas críticas aos demais, de que sempre nos utilizamos para, fortalecendo o sentido de *nós e os outros*, fortalecer a nossa própria unidade cúmplice. E assim que chegamos em casa, despejamos na carta as impressões da festa e os trechos do diálogo interior de que conseguimos nos lembrar, "levando" de forma mais concreta nosso par à festa, e impedindo a solidão e o desemparelhamento.

Uma estranha disritmia se estabelece entre os correspondentes. Pois recebendo a carta em que lhe contamos da festa, a pessoa amada nos visualizará risonhos e bailarinos com um copo na mão, e através da solidez dessa imagem – comprovada por nossas palavras e portanto muito mais real do que todas as outras que ela própria fabrica –, nos terá por algumas horas muito mais próximos de si; mas a verdade é que no momento em que ela ler a carta, a festa terá passado há muito para nós, empenhados agora em outra atividade que ela não pode imaginar, e portanto distantes e inalcançáveis. O mesmo acontece conosco quando, recebendo a carta em que ela nos descreve o quarto de hotel em que se encontra, teimamos em nos apoderar dela através daquele ambiente, embora sabendo perfeitamente que aquele quarto agora abriga outra pessoa completamente estranha, e que de nada adianta nos aventurarmos entre suas paredes.

As cartas, porém, mesmo funcionando como trens que embora nos levando adiante estivessem sempre atrasados, encurtam as distâncias. E nós as sapecamos à nossa frente, até relendo as antigas quando novas não chegam – para, de salto em salto, como se atravessássemos um rio por sobre pedras, varar o tempo que nos separa do reencontro.

Se entretanto o ser amado se encontra em lugar onde é impossível alcançá-lo por carta, eis que de repente ele se afasta assustadoramente de nós. E embora certos do contrário, nos perguntamos se ainda nos ama ou se, subitamente transformado pelo afastamento mesmo de nossos olhos, não terá mudado seu sentimento. Precisando partir para uma viagem de onde não poderia me escrever, meu amante escreveu antes de embarcar várias cartas, que entregou a um amigo comum, pedindo que as remetesse para mim pelo correio. Desta forma, embora o amigo me visse diariamente e pudesse ter me entregado as cartas em mãos, meu amante preservou a ansiedade com que eu esperava a chegada do correio e a alegria com que as notícias "vindas de longe" me permitiam acreditar na manutenção do seu amor.

Diferente é a relação com o telefone, que embora permita o contato tão vívido com a voz, capaz de estabelecer a presença imediata, impede a loquacidade derramada e as longas conversas que são típicas do amor. E toda vez, com tantas coisas para dizer, falamos emocionados apenas algumas coisas que logo nos parecem sem importância e que certamente não traduzem a imensa emoção que nos vai na alma. Ao desligar, minutos contados pelo rígido sistema interurbano, sorrimos bobamente beatíficos, lembrando, porém, de repente tudo o que esquecemos de dizer. Um amigo meu emigrado, que havia quase 20 anos não se comunicava com o pai, descobriu afinal seu telefone na Polônia, e depois de ensaiar bem tudo o que lhe diria, ligou para lá. Foi o próprio pai que atendeu. Meu amigo identificou-se. E no silêncio breve e eterno que se seguiu, nada melhor lhe ocorreu do que perguntar: "Está muito frio aí? Como vai o tempo?". E os poucos minutos que deveriam preencher o vazio amoroso de tantos anos foram preenchidos de parte a parte com constatações meteorológicas.

O vazio só existe em relação ao cheio

Nem só de ausências são feitos os alvéolos do amor. Vazios ocorrem também nos períodos de esfriamento. Basta termos a impressão de que já não somos tão amados para que se crie um espaço diferente. É o espaço da dúvida, em que hesitamos entre acreditar que a desconfiança seja devida apenas a nossa excessiva exigência amorosa, sem que nada de real no outro a confirme; ou crer que a nossa sensibilidade apurada pelo amor captou sinais talvez quase imperceptíveis, e que realmente o outro já não é o mesmo em relação a nós. Sabemos que no primeiro caso deveríamos agir sobre nós mesmos, lutando contra a insegurança, sem cobrar do outro aquilo que ele não nos deve; e que no segundo, ao contrário, deveríamos nos voltar para o outro a fim de obter a informação verdadeira. Mas sem saber ao certo qual seja a situação, oscilamos entre uma e outra possibilidade, insensivelmente botando um pé atrás e estabelecendo um novo clima.

Vazios são também os períodos em que somos nós que amamos menos. Períodos em que os defeitos do outro nos parecem mais consistentes, às vezes, até insuportáveis, e chegamos a descobrir novos para justificar a irritação que sentimos e que, tão diferente do amor que sentíamos ontem, não queremos atribuir somente à nossa própria mudança. Trabalhamos então para pendurar nele as culpas, e dizemos: "Fulano está tão chato!", querendo dizer que ele *está*, não *é*, e que portanto quando a chatice dele passar tudo voltará a ser como antes. É a maneira que temos de contornar a ideia de que nosso esfriamento não seja passageiro, mas possa representar o princípio do fim. E também a fuga mais conveniente para não termos que partir em grandes escavações a fim de descobrir as causas reais do nosso desamor.

Nas quebras da imagem, outros vazios se formam. Como numa pintura antiga, numa relação duradoura a imagem idealizada do amado vai se cobrindo de pequeníssimas rachaduras, aquilo que em arte se chama *craquelê*. A maioria dessas rachaduras acontece sem que sequer percebamos. Mas há sulcos mais profundos, que de repente nos abalam. A cada um nos perguntamos: "Será que ainda conseguirei amá-lo? Poderá meu amor comportar essa nova visão, ou, até melhor, poderá incorporá-la?". Enquanto a pergunta não encontra dentro de nós a sua resposta, há um empalidecimento do amado, ele já não é tão sólido como objeto de amor. E, muitas vezes sem que ele sequer saiba por quê, também não somos para ele amantes tão intensos (um dos medos quando suspeitamos de que o outro esteja esfriando em relação a nós é de que tenha ocorrido na imagem idealizada que ele tem de nós um sulco grave, capaz de determinar nosso destino sem que tenhamos qualquer controle sobre ele).

Dificuldades econômicas, problemas com o trabalho, enguiços de saúde, tudo pode contribuir para esburacar o amor. Mas a vantagem é que contribuem também para dinamizá-lo. E há sempre muito que podemos fazer para que aos espaços vazios correspondam outros tantos espaços cheios.

No corpo do desejo

O corpo é a morada do amor. E sua montada. Do meu amado não lembro a primeira frase, lembro o estremecimento quando lhe percebi a largura do pescoço. E querendo oferecer-lhe meus sentimentos, foi com o corpo que me aproximei dele, o corpo foi de mim o que ele inicialmente percebeu.

Embora eu possa amar alguém que não tem corpo – o imaginário me permitindo voltar o desejo para a ideia de uma pessoa, para o fantasma de um amor –, sem meu próprio corpo o sentimento inexiste.

Amamos com o corpo tanto quanto com o sentimento. Na beatitude do abraço, como dizer se é a pele que mais se gratifica no contato com outra pele, ou se a alegria vem da satisfação do bem-querer? E se é verdade que ao receber uma carta de amor estremecemos como se em presença do amado, é verdade também que poucas emoções se comparam àquele toque em que a mão se entrega pela primeira vez a outra mão que ainda desconhece.

E no entanto, durante séculos, tentamos descorporificar o amor. Amarramos ao corpo a âncora do pecado, e o lançamos bem ao largo de respeitabilidade. Bonito era o trovador medieval cantar o casto amor à sua dama, bonito era Dante amar Beatriz sem jamais tê-la tocado. Mas Lancelot, que se apaixona fisicamente, que trai os ideais do amor cortês ao possuir a mulher de outro, não conseguirá achar o Graal, e cem vezes será humilhado ao vagar na procura. O que acontece aos Abelardos e às

Heloísas que cantam os prazeres da carne é bem conhecido, o castigo para quem ama com o corpo sendo a mortificação do próprio corpo.

Dessa divisão custamos a nos libertar. É verdade que hoje um amor como o de Dante não seria considerado um caso poético, mas um caso clínico. Se antes amar uma mulher implicava "respeitar-lhe" o corpo, atualmente o respeito que se devem os amantes é o respeito – e a satisfação – dos próprios desejos. O amor já não existe sem o sexo. Em compensação, ninguém se surpreende de os corpos se relacionarem entre si, tendo deixado o sentimento em outros escaninhos. Associamos o amor, mas generalizamos a dissociação do sexo.

O coração não precisa do corpo

Entre tantos órgãos, o coração foi o escolhido para simbolizar o amor. Porque bate mais forte quando amamos? Porque é o órgão essencial à vida? Talvez nem por uma coisa nem por outra. Se fosse pelas reações, o amor poderia ser simbolizado pelos joelhos, que tremem e bambeiam quando me aproximo do objeto da minha paixão; ou pelo estômago, que se fecha e dói de ansiedade amorosa. E por que não pela boca, que é palavra e beijo? Quanto a ser essencial, o coração não é mais essencial do que o fígado, nem do que os rins.

Mas é pela nobreza que ele foi escolhido. Os rins, coitados, são filtros prosaicos, fábricas de urina. O fígado, que já foi considerado o órgão da vida, é feio no aspecto, destila humores duvidosos e tem parentesco com a verde bile. E nem se pode pensar em nobreza ao falar em estômago e joelhos. Já o coração é limpo e puro, comanda o sangue que nos faz enrubescer, que intumesce o sexo, que aquece a pele. Como diria um publicitário, o coração tem representatividade.

E embora não mais necessário do que os outros, é ele que simboliza a vida, pois a última de suas batidas é o sinal oficial de que "a casa" fechou. Associá-lo ao amor foi a maneira de dizer que sem amor não há vida.

Essa simbologia, extensiva a todas as formas de amor, transformou o coração num *órgão extracorporal*, que é frequentemente representado batendo fora do corpo e sem ligação física com este. Lembro, na minha infância, a admiração espantada com que observava a imagem da Madonna Addolorata,* que na penumbra da igreja tinha por cima da roupa o coração ensanguentado trespassado por seis punhais. E todos nós tivemos a vida povoada pela imagem do Sagrado Coração de Jesus, que nas folhinhas de tantos lares brasileiros oferecia seu coração chamejante.

Não é só na religião que o coração passeia. Ainda ontem o vi na ponta de uma faca na aquarela do pintor José Alberto Nemer, na camiseta da minha filha, num adesivo, e numa antiga publicidade da Volkswagen. E o vi também numa porta de banheiro. Foi aí que me dei conta de que os outros únicos órgãos autônomos, representados sem o resto do corpo, são os órgãos sexuais.

Não é à toa. Por sua importância determinante - sem eles não há sobrevivência da espécie -, o amor e o sexo são patrimônio coletivo, mais do que individual. E, como tal, *vivem simbolicamente fora de nós.*

A tal ponto que o desenho do coração foi sendo transformado em sinônimo gráfico da palavra amor, constituindo hoje o único sinal criptográfico corrente da nossa escrita.

Entretanto, ao fazer do coração o órgão do amor, este passou a residir na caixa torácica, liberando a caixa craniana - e o cérebro - para exclusivo uso da razão. Os dois ficaram fisicamente separados. Referir-se ao cérebro numa conversa sobre amor equivale a dizer que esse amor é frio, calculista, e que *não obedece ao coração.* Uma tremenda injustiça, que se revela mais flagrante agora, quando a ciência demonstra que o coração não tem nada a ver com isso, e que tudo se passa na cabeça.

Quem ama é o hipotálamo

As pesquisas começaram no sentido de tratar o amor e o mal de amor como uma doença qualquer. Em 1978, o psiquiatra americano Donald Klein batizou de *disforia histeroide,* ou "doença do amor", o comportamento daquelas pessoas - sobretudo mulheres - que se apaixonam regularmente, regularmente terminam a relação, e regularmente entram em depressão. Klein afirmava que os antidepressivos convencionais e

---

* Nossa Senhora das Dores.

a psicoterapia não surtiam resultados com esses pacientes. E anunciou ter descoberto uma cura mais efetiva, o antidepressivo chamado MAO – de suas iniciais químicas. Embora à sombra da velha histeria do século passado, tentavam-se novas soluções.

Enquanto isso, um outro grupo de pesquisadores, liderados pelo também psiquiatra e também americano Michael Liebowitz, seguia outros rumos. "O amor não é uma emoção igual a qualquer outra", afirmava numa entrevista em 1980. Segundo ele, tratava-se de uma emoção específica, ligada à presença de um elemento químico no cérebro, a feniletilamina, anfetamina natural que estimula nosso sistema de prazer. Experiências haviam demonstrado que, surgindo ao despontar do amor, ela fazia desaparecerem as defesas, as censuras e as inibições, permitindo que o sentimento fosse adiante.

Ao mesmo tempo, o psicólogo John Money relatava ter estudado pacientes que haviam sido submetidos a diferentes tipos de cirurgia do cérebro ou que sofriam de uma deficiência pituitária. Em ambas as categorias, havia encontrado pessoas capazes de sentir numerosas emoções, mas não o amor. "O lugar de procurar as causas do amor", dizia ele, "não é no astral, mas dentro da cabeça das pessoas."

E foi lá que a neuropsicobiologia, uma ciência revolucionária, foi buscá-las, demonstrando que as emoções correspondem a realidades físicas, químicas e hormonais. No livro *De l'amour plein la tête, ou la biologie de l'amour*,* recentemente publicado na França, o dr. Marc Schwob explica melhor esses mecanismos.

Já sabíamos que a emoção, a intuição e a estética estão localizadas no hemisfério direito do cérebro, que pode ser chamado de "cérebro artista", enquanto a palavra, os números, a abstração e a lógica estão no hemisfério esquerdo, o "cérebro intelectual". Pois agora descobriu-se que o amor à primeira vista corresponde a um estresse do amor, em que ao mesmo tempo em que o coração se acelera, as mãos suam, as pernas tremem, há um aumento dos hormônios sexuais, dos hormônios tireoidianos, da insulina e do cortisol. Tudo isso comandado pelo hipotálamo, mancomunado com o cérebro emocional, sem que o cérebro intelectual consiga nos explicar o que está acontecendo.

---

* *Com a cabeça cheia de amor, ou a biologia do amor.*

A paixão, por sua vez, é devida a uma descarga de catecolaminas, hormônio do estresse, ordenada pelo cérebro emocional ao aproximar-se da pessoa amada. Essa descarga é tanto mais forte quanto mais a pessoa se assemelha ao modelo amoroso que temos dentro de nós.

Mas essa fase não dura indefinidamente. Passado algum tempo, e diminuindo a excitação, o cérebro emocional entra em novo estágio, que tudo indica ser ditado por outro elemento, as endorfinas. A presença do amado transmite então uma sensação de felicidade interior, de serenidade, fazendo com que aos poucos essa presença, de início apenas agradável, se torne indispensável. É aquilo que poderíamos chamar de *dependência das endorfinas*. E exatamente como um drogado que ao ser privado das drogas entra em sofrimento, assim também um enamorado, privado das endorfinas pela súbita ruptura com o objeto do seu amor, sofre ansiedade, insônia, irritabilidade, seguidas de prostração e desinteresse pela vida.

Esse processo hormonal explicaria até mesmo o tédio de certas relações. Pois enquanto o toxicômano pode aumentar suas doses para obter maiores euforias, o organismo em estado de calma não consegue produzir além de uma determinada quantidade de endorfinas. Para que isso aconteça, é necessária a interferência de fatores capazes de quebrar a monotonia e excitar novamente os sistemas de prazer.

E vale a pena abrir aqui um parênteses para uma cura quase instintiva a que recorrem tantos enamorados infelizes. Já o dr. Klein tinha reparado que os seus pacientes se enchiam de chocolate. E o consumo de bombons chamou a atenção também de Liebowitz, que descobriu ser o cacau rico em feniletilamina. Agora ficamos sabendo que ele é também rico em magnésio, e em uma substância chamada triptofano que, absorvida pelo organismo, sofre uma série de transformações até chegar à síntese da serotonina, o neurotransmissor fundamental na regulamentação do humor.

O corpo que atrai também repele

O corpo, então, não é somente a morada do amor, mas também a usina que o fabrica. Porém, como se não bastasse tanta complexidade hormonal, a natureza nos impõe mais um elemento complicador: *os corpos são diferentes.*

Homens e mulheres, que idealmente sonham amar-se de modo igual, não têm o mesmo corpo, e, portanto, não amam o corpo do outro da mesma forma. As mulheres, garantiu Freud, sofrem de inveja do pênis. E os homens, é sabido, têm medo do corpo das mulheres.

Quando menina, houve um período em que eu gostava de urinar em pé, diante de muros e árvores, como faziam meu irmão e meus amigos. Não consigo lembrar de nenhum desejo de ter na mão a peça que tornaria aquele gesto mais prático, embora lembre claramente o desejo de me assemelhar a meu irmão, líder inconteste do grupo, e aos nossos amigos, todos meninos. Isso, é claro, não é suficiente para provar que, desejando ser menino – e, portanto, desejando ter um pênis –, o que eu desejava era ascender à classe "superior" e alcançar o poder; ou seja, não é suficiente para provar que eu não invejasse o pênis em si. "Sobre a importância da inveja do pênis não pode haver dúvidas", disse o mestre de Viena. Se eu não as tivesse, deveria até agradecer essa "inveja", pois segundo ele é da "modificação sublimada desse desejo" que me advém a "capacidade de exercer uma profissão intelectual" e consequentemente de escrever este modesto livrinho.

Mas o fato de que eu as tenha, e comigo tanta gente melhor do que eu – em lugar nenhum talvez elas estejam tão bem expressas como no livro *Speculum de l'autre femme,** de Luce Irigaray –, não evita que a suposta inveja do pênis tenha permeado as relações homem-mulher antes mesmo de Freud formulá-la como teoria. Pois é claro que Freud formalizou um sentimento já generalizado nos homens, os quais, considerando-se superiores graças sobretudo à posse do cetro falo, não poderiam conceber que as mulheres não invejassem esse apêndice tão portentoso.

"Ser mulher", disse Kierkegaard, "é algo tão estranho, tão confuso, tão complicado, que nenhum predicado consegue defini-lo, e os múltiplos predicados que gostaríamos de empregar seriam de tal modo contraditórios que só uma mulher poderia suportar." Dizer que "só uma

* *Espéculo de outra mulher.*

mulher poderia suportar" equivale a dizer que homem nenhum poderia, ou seja, equivale a dizer que *os homens veem nas mulheres uma complexidade insuportável*. E dizia Freud: "Sobre o enigma da feminilidade os homens de todas as épocas quebraram a cabeça...".

O enigma de feminilidade é o seu corpo. Um corpo que menstrua, que se altera, que acompanha a lua, que gera e amamenta. Um corpo que dá prazer ao homem, mas que dá também lassidão, e no qual ele precisa entrar fisicamente *sem ter conhecimento daquilo que abriga em seu interior*. O corpo da mãe, gêmea da terra, é o mistério da natureza.

Coisa demais, convenhamos. Contra esse excesso, o homem sempre reagiu misturando ao seu desejo uma sólida dose de pavor. Pavor que está presente nos mitos relativos à impureza do sangue menstrual, acusado dos piores males. Diz Plínio em sua *História natural*: "a mulher menstruada estraga as colheitas, devasta os jardins, mata os germes, faz cair os frutos, mata as abelhas; se ela tocar o vinho ele se transforma em vinagre; o leite azeda...". E o Levítico adverte: "A mulher que tiver um fluxo de sangue em sua carne ficará durante sete dias em sua impureza. Quem a tocar será impuro até a noite. Toda cama sobre a qual ela deitar [...] todo objeto sobre o qual ela sentar será impuro. Quem tocar sua cama, lavar suas roupas, se lavará na água e será impuro até a noite". Zoroastro mandava castigar as mulheres que durante a menstruação se aproximassem do fogo ou da água. E em certas tribos africanas as mulheres menstruadas não devem tocar a terra nem atravessar um raio de sol, só podem cozinhar para si mesmas, sem dar sua comida a ninguém, e devem destruir a vasilha na qual comeram para que não venha a trazer desgraças àquele que inadvertidamente a encontrar.

O pavor também acompanha a defloração. Em muitas culturas ela é praticada por uma outra mulher, às vezes com a ajuda de um instrumento – galho ou osso – a fim de que não haja nenhum contato não só com o perigoso hímen, mas com o perigosíssimo sangue que decorre de sua laceração. Ou então é o xamã, protegido por forças astrais, ou o chefe da tribo, forte em seu poder, quem se encarrega da tarefa. Um viajante do século XIV, Jean de Mandeville, relatou que em algumas localidades do Extremo Oriente havia grupos de homens especialmente escolhidos para desvirginar as moças; a periculosidade da tarefa os eximia de qualquer outro tipo de trabalho. E alguns povos acreditam que a vagina da mulher abriga uma serpente que morderia o pênis do marido quando da ruptura do hímen.

Isso nos remete à mais terrível das crenças em relação ao corpo sexual: o mito da vagina dentada.

Só entre os indígenas norte-americanos foram recolhidas mais de 300 versões desse mito. Mas ele aparece também na nossa mitologia clássica e pode ser encontrado entre povos do mundo inteiro. Todas as variantes contam a mesma coisa: uma mulher - ou mulheres - voraz tem a vagina guarnecida de dentes; ela seduz os homens para que deitem com ela; os homens introduzem o pênis na vagina, que imediatamente os devora; mas chega um herói, ou um deus, ou um jovem mais esperto, e iludindo a mulher introduz na sua vagina um galho, ou um osso, ou uma faca, ou uma pedra, quebrando com ele todos os dentes; só então ele penetra realmente a mulher, que já não oferece perigo.

Há mitos em que a vagina da mulher é substituída por uma cabeça de cão faminto que ela traz entre as pernas. Outros em que não se trata propriamente de dentes, mas de cobras, enguias ou até dragões que devoram ou envenenam os homens. No tratado pseudoaristotélico *Secretum secretorum*, divulgado na Europa no século XII, Aristóteles previne seu aluno Alexandre, o Grande, contra o perigo das lindas moças enviadas de presente pelos reis da Índia, que, alimentadas com veneno desde a infância, envenenariam o homem através de seus beijos e de seu sexo.

Seja como for, a vagina das mulheres é representada como perigosa, aniquiladora, canibal. E através da ação mítica de homens corajosos e astutos que a enfrentam e conseguem sobreviver, podemos ver *o desejo masculino de domesticar os apetites sexuais da mulher*, de "quebrar-lhe os dentes" e a fome, de modo a colocá-los dentro dos seus próprios (do homem) moldes de potência. Uma mulher sexualmente faminta ameaça o homem, que teme não estar à altura de tanto apetite e se demonstrar aquém da expectativa sua e da sociedade.

Medos e preconceitos em relação ao "mistério" da mulher não se esgotam nos mitos antigos e primitivos. Todos nós já ouvimos dizer que mulher "com dor de cabeça" não pode fazer maionese, porque esta certamente desandaria (o preconceito contra a menstruação evitava que se lhe pronunciasse sequer o nome), e que não deve lavar a cabeça, nem tomar banho em água fria, sob perigo de ficar aleijada para sempre. E a lista das coisas que não se devem comer "naqueles dias" vai desde feijão até banana, incluindo uma série de alimentos ditos "reimosos". Até hoje, estar menstruada parece um estado de exceção. Se calcularmos quatro dias de menstruação por mês e 30 anos de vida reprodutiva, veremos que as mulheres passam cerca de quatro anos de sua vida menstruadas. O que, convenhamos, é um bocado de tempo para uma exceção.

Quanto à vagina dentada, qualquer psicanalista ou psicólogo pode fornecer exemplos da modernidade do mito, tirados de sua prática diária de consultório.

Como saber da barba, se tenho seios?

E no entanto, superando dentes e invejas, nossos corpos se encontram. E com quanta doçura, às vezes, e com quanto prazer. Doce ilusão de posse que faz com que ao dizer "meu amado", eu não esteja apenas dizendo "aquele que eu amo", mas sim "aquele corpo que por ser amado me pertence". Mas como me pertencer, e ser portanto uma extensão do meu próprio corpo – pois não é a roda do carro a extensão do corpo de quem o guia? –, esse corpo que, por ser de outro, e por ser de outro sexo, ignoro tão completamente?

Olho meu amado que frente ao espelho penteia a barba. Que sensação é essa que ele sente, e que lhe faz entrefechar os olhos em beatitude como a um gato alisado? Penso por um instante em procurar essa mesma beatitude passando o pente no meu rosto nu, mas sei que seria tentativa ridícula. E se mesmo por algum estranho milagre uma barba crescesse no meu rosto, sei que, lisa como os meus cabelos, não me transmitiria a mesma sensação que a dele, crespa, resistindo ao pente em pequenos estalos e redemoinhos.

O corpo fala no silêncio de seus gestos. Cabe a mim entendê-lo. Mas infinitas vezes receio estar me enganando no código, e me pergunto se o corpo saberia, como o resto, dissimular.

O corpo do amado não é somente a casa do seu amor por mim. Ele é também a casa do meu amor por ele. Nossos corpos se habitam em harmonia. Mas esse mesmo corpo, que é acolhedor enquanto me satisfaz, torna-se contaminado a partir do momento em que, rompido o ritmo do entendimento, já não me traz prazer. Torna-se o lugar da culpa e do ressentimento, pois eu o culpo por não me satisfazer, e ao mesmo tempo me ressinto porque me transmite o recado de que talvez seja eu que, não sabendo recebê-lo, esteja impedindo o seu e o meu próprio prazer. O corpo amado deixa então de me pertencer. Já não é penetrável ou permeável. É um corpo que se fecha, que se torna hostil. E diante dele meu corpo se pergunta onde estaria nele próprio a chave para abrir aquele outro.

No desejo de conhecer a identidade física do outro, brincamos de trocar de sexo. O amado escamoteia seu pênis entre as coxas, desvirilizando-se por instantes. Depois senta a amada no seu colo, deixando o pênis surgir por entre as coxas dela, transformando-a em mulher fálica. Mas ele continua homem e ela continua mulher. No jogo amoroso, só a estética se altera em breve ilusão. E nem por pouco responde à pergunta que tanto nos fazemos: como sente o outro seu prazer em mim?

A alta da paixão

O amor é um saco de gatos. Tem o amor que a gente vive, aquele que a gente sonha, o amor da teoria e o da prática, o dos analistas e o dos antropólogos, e todas as visões de amor, conflitantes e desencontradas, que habitam cada um de nós. E o mais engraçado é que ao falar ou escrever sobre amor nos sentimos obrigados a usar de coerência extrema e abrangência total. Agora mesmo, cheia de fragmentos de pensamentos, me surpreendo com alma de farmacêutico, querendo pesar tudo na mais ínfima gramatura, como se um erro meu pudesse resultar em morte do freguês. E essa sensação me desagrada, pois me "desamoriza", é o antiamor por excelência. Então, mando às favas a balança e volto lá na frente, agarrar o rabo de uma conversa que comecei no primeiro capítulo.

Dizia eu da queda do amor nos últimos 30 anos. E de repente, juntando os tais fragmentos, descubro que enquanto a bolsa de valores dos sentimentos via o amor alcançando suas cotações mais baixas, poucos se deram conta de que, sorrateira, armava-se a alta da paixão.

Lá estava ela, a louca, a imprevisível desorganizadora, a duras penas contida durante tantos séculos, tomando a dianteira e mandando o sábio e estruturante amor para escanteio. E o que é que o pobrezinho tinha feito? Nada, exatamente nada. Continuava tal qual. Mas numa época de transformações, esse pode ser grave erro. De fato, enquanto ele cuidava de suspiros e cupidos, o carro ao qual estava atrelado ia despencando para o abismo. Desmascarado, o casamento estava sendo apontado como grande desastre. E o amor, amarrado a ele, confundido com ele, passava a representar *um conceito de vida ultrapassado*.

Assim, tornou-se sinônimo de *deveres a cumprir, fechamento num universo restrito, monotonia*. Três verdadeiros dinossauros comportamentais. Hoje só de ouvir falar em deveres as pessoas ficam com urticária, pois quem tem deveres acha que não é livre, e quem não é livre é olhado com reprovação e desconfiança.

De fato, há uma vida mais moderna correndo solta. Mas traz em si uma divisão absolutamente esquizofrênica. Por um lado, *acabou com o pequeno universo*. Ninguém hoje vive na sua cidadezinha, no seu bairro; vivemos todos na aldeia global. Nordestina na seca, participo das enchentes do Sul. E pisei na Lua, e viajo com o Papa, e todas as noites, com o luxo da hora marcada em cadeia nacional, me ofereço guerras nas mais variadas partes da Terra. As quatro paredes entre as quais vivo não são mais as do meu lar, mas as da minha televisão, que o jornal amplia.

E *acabou também com a antiga restrição do universo erótico*.

O sexo não é mais o tema secreto de um casal. É assunto para outdoor, passeata, conferência.

E isso tudo seria muito bom, muito liberador, maravilhoso mesmo se... se ao mesmo tempo a vida não tivesse *restringido os universos individuais*.

É aí que entra o clima esquizofrenizante. O mundo é imenso, mas eu não moro mais em casa com quintal, não moro mais em casa sem quintal, não moro mais em casa. Moro em apartamentos cada vez mais apertados, onde mal cabe a família sem as suas lembranças - como num avião que vai perdendo altura, somos obrigados a jogar fora tudo o que não for essencial, jogar fora o lastro. E já não vivo com toda a minha família. Vivo só com aquele pedacinho de família que acabei de fundar, e que ficará menor ainda se amanhã um de nós for embora. E meu trabalho não é mais fazer um produto completo, mas fazer apenas uma peça daquele produto de que nunca me sentirei autora (consolo-me pensando que na Suécia há uma fábrica de automóveis onde cada carro é feito por um pequeno grupo de operários em que cada um faz de tudo. O carro sai duas vezes mais caro, mas os operários são dez vezes mais felizes). E meu mercado de trabalho é apertado, e nele me sinto como na condução, avançando espremida sem poder ir aonde quero.

Sim, o mundo escancarou suas portas e a cada dia desperta em mim alma de aventureira. Quero ser Marco Polo, voar em todos os *charters*, ser correspondente internacional, milionária da Loto, ganhadora do Oscar. Mas só consigo ser operária em construção, esposa e pai, contribuinte, e às vezes nem sequer eleitora.

A vida me exige o que não me quer dar. Mas eu insisto no voo. Não posso ampliar o apartamento. Não posso desapertar o mercado de trabalho. Não posso deixar de ser engenheiro para ser poeta, porque não sei poetar. Mas posso explodir esse amor-compromisso que todo mundo diz que é cheio de deveres, de restrições, de monotonia, e partir para a grande aventura, a grande viagem, a grande criatividade da paixão.

A paixão tem horas contadas

As pequenas emoções não nos interessam, saíram da moda. As médias emoções pouco nos interessam, não têm apelo. É impossível vender uma marca de cigarro com um slogan como: "Fume X, o cigarro das pequenas emoções", ou encher um navio para "um cruzeiro medianamente emocionante". As emoções, hoje, ou são gigantescas, altamente excitantes, ou não são nada. Estão aí as drogas, os decibéis ensurdecedores, o sexo explícito, a iluminação psicodélica, os filmes de horror e de violência. O resto é perfumaria.

Usei "gigantescas", mas talvez a palavra mais certa fosse "agressivas". O amor não é uma emoção agressiva. Mas a paixão é. O amor é pleno, apaziguante. A paixão é cheia de *suspense*, enervante. Quando amo fico macia, receptiva. Em estado de paixão fico tensa, exigente. A paixão – com o ódio que vem no seu rastro – é uma superemoção, é a olimpíada da alma, o grande show. É, enfim, a emoção perfeita para o clima de constante superação que a sociedade de consumo estabeleceu.

E a paixão tem outras vantagens de modernidade. Ela não inclui deveres, não implica compromisso. Tomada de paixão, não devo nada ao outro, estou enlouquecida, fora do normal, e nada me pode ser cobrado; quero apenas a minha satisfação, e o outro só me interessa como possibilidade de realizá-la. Nem meu espaço é restrito, pois é o espaço do delírio, sem fronteiras e sem contenção. E quanto à monotonia, ah!, essa passa ao largo, cada hora é uma invenção.

Mas durante quantas horas a gente aguenta o som de uma discoteca? No livro *Laranja mecânica*, de Anthony Burgess, o rapaz violento é curado através do processo *similia similibus curantur*:* com os olhos mantidos abertos por engenhocas torturantes, é obrigado a ver vezes sem conta filmes de extrema violência, até a náusea. As emoções extremas são exaustivas. Porque nos exigem tanto, porque nos deixam sobre o fio da navalha, porque nos tensionam sempre para a frente, acelerando os tempos e queimando o hoje rapidamente em busca do amanhã, têm duração curta. Como a saúva, ou a gente acaba com elas, ou elas acabam com a gente.

Além do mais, é da própria natureza da paixão modificar-se. Já vimos que ela existe com uma função específica, geradora. Tiremos a função específica, eliminemos o amor que ela deveria provocar, e teremos algo desequilibrado, *sem razão de ser*.

O casal não pode ser culpado de tudo

Bela enrascada! De um lado temos o amor denegrido, que nos leva a coisas das quais estamos tentando fugir. Do outro temos a paixão endeusada, que porém se acaba e nos esgota sem nos preencher. E no meio está o nosso desejo fundamental de afeto, de sexo, de encontro.

Uma das saídas tem sido a multiplicação das paixões. No afã de atender às nossas necessidades, promovemos o interesse mais próximo a paixão assim que outra paixão acaba, exatamente como se promove um tenente-coronel a general quando outro general entra na reserva: para preencher a vaga. Desta forma, atrações eróticas que não passariam do primeiro motel se veem alçadas à categoria de "pequenas loucuras", e "pequenas loucuras" são tidas como estagiárias de paixão.

Outro recurso assaz usado – talvez o mais usado de todos – tem sido buscar refúgio no alto do muro. Nem bem nos apaixonamos, nem bem nos enamoramos, e sobretudo não nos entregamos. Ficamos ali,

---

* *A cura pela semelhança.*

espiando para baixo a fim de detectar o momento propício para uma rápida incursão. Aceso o interesse, pulamos rapidamente sobre o objeto que o despertou, e ali ficamos só o tempo de satisfazer o tesão, sem incorrer em paixão. A qualquer ameaça de sentimento, zapt!, lá vamos para o muro de novo.

Mas há um terceiro recurso. Exigir a todo custo que o amor se comporte como se fosse paixão. Ou seja, queremos o apaziguamento de um, mas com a sofreguidão da outra; o entrosamento erótico de um com a pimenta novidadeira da outra; a tranquilidade cotidiana de um com a alucinada improvisação da outra. E isso seria até louvável, se apenas fosse possível.

Mas *a natureza dos sentimentos não se inventa.* Ela tem suas razões. Não se correm 100 metros com as mesmas passadas com que se corre uma maratona. E o amor se pretende uma maratona, mais do que isso, uma *slow distance run.** É a velha história da lebre e da tartaruga. Podem-se até botar orelhas compridas numa tartaruga; o que não vale é reclamar dela porque não salta como a lebre.

E não só queremos do amor que seja paixão, como queremos que nos dê tudo o que a vida não nos dá. Se nossa vida é monótona, tediosa, pretendemos que o amor seja palpitante. Se a vida não nos deixa espaço para respirar, reclamamos do amor dizendo que é sufocante. Se a vida nos torna mesquinhos e agressivos, acusamos a relação a dois de ser irritante. A culpa não é da vida que nos torna cada vez mais intolerantes, que alimenta nosso egoísmo. É da relação a dois que com suas exigências torna a vida insuportável.

Ora, *o amor não faz as pessoas. São as pessoas que fazem o amor.*

E as pessoas, eu acho, estão começando a ficar cansadas tanto do excesso de paixão quanto do alto do muro. As pessoas estão querendo voltar ao amor. Mas não àquele que deixaram lá atrás, junto com a indissolubilidade do casamento e a moral vitoriana. Estão querendo um amor mais parecido consigo mesmas. Quem sabe, talvez um amor que, embora tendo compromisso e deveres, se mantenha sempre optativo. Um amor que sem querer disfarçar-se de paixão encontre em si mesmo renovação e estímulo. Um amor que poderíamos realmente chamar de amor apaixonado.

---

* Corrida lenta de longa distância.

Ao deus diálogo

Para garantir a segurança de suas famílias, os antigos romanos mantinham em casa um altar aos deuses do lar. Hoje, sem altar, mas com a mesma devoção, cultuamos o deus diálogo.

Dele esperamos que resolva todos os problemas da relação, escancarando as portas do entendimento. Que funcione como uma espécie de garantia do amor, um seguro contra as separações. Dialogue!, exortam os terapeutas e os comportamentólogos. Dialogue!, incitam centenas de livros, milhares de revistas. E nós, que somos uma geração cheia de vontade de acertar, empunhamos os sagrados estandartes do diálogo e desandamos a falar.

Mas será que o sabemos? Desde pequeninos uma frase marca nossa relação com essa difícil arte: "Cala a boca, menino!". Criança não tem vez para falar. Junto com o desmame aprende que não deve interromper os adultos, não deve se meter em conversa de gente grande a não ser quando solicitada. Em meus tempos de colégio interno – que já vão bastante longe, mas nem por isso fazem parte da antiguidade – não podíamos falar nem nos dormitórios, nem nos corredores, nem no refeitório, nem na sala de aula, e muito menos na capela. Ou seja, não podíamos falar, a não ser nos recreios. Transgressões a essa regra implicavam perda das saídas quinzenais. Assim, as boas freiras se esforçavam para fazer de nós futuras dialogantes.

Em casa continua o aprendizado. Qualquer filho descobre desde cedo que os pais utilizam dois diálogos diferentes: um na frente das crianças, e outro depois que as crianças estão dormindo, ou quando acham que elas não estão ouvindo. A partir daí, os filhos, aprendizes obedientes, passam a utilizar com os pais o mesmo sistema. Dialogam abertamente sobre as abelhas e as flores, mas não abrem a boca sobre as masturbações no banheiro.

Esse aprendizado pode ganhar reforço behaviorista quando, dizendo para os pais ou adultos em geral aquilo que a prudência lhe aconselharia calar, a criança é devidamente castigada. Dessa forma, castigo e verdade estabelecem aos poucos, para ela, um sólido vínculo.

Crescidos, temos fartas oportunidades de ver aplicado em ampla escala aquilo que aprendemos. Os políticos e os governantes falam uma coisa e pensam outra, os filósofos e os intelectuais apregoam uma liberdade que não praticam em casa, a boa senhora patrona de uma instituição de caridade maltrata a empregada. E todos parecem praticar um discurso para uso externo e outro para consumo interno.

Ou seja, somos oficialmente instigados à abertura, à sinceridade, ao famoso diálogo. Mas o que nos é realmente ensinado, como meio de defesa e de vitórias, é a *duplicidade do discurso*.

Os inventores do diálogo inventaram outra coisa

Então chega-se ao casal – essa vaga entidade já tão complicada, porque sendo binária é una – e pretende-se que justamente nas coisas mais difíceis de serem partilhadas, nos sentimentos mais profundos, nas inseguranças e nas vergonhas, pratique aquilo que aprendeu a não praticar: a fala sincera, autêntica, que nos entrega aos outros sem defesa.

Difícil, não?

Costuma-se apontar Platão como o inventor do diálogo. Pelo menos, foi ele que instaurou a modalidade e a deixou registrada em seus *Diálogos*. Mas o diálogo dele não era bem como esse que estão querendo da gente. Saía o mestre por jardins e gramados passeando com seus discípulos, filosofando em voz alta, e de conversa em conversa ia ensinando seus princípios. Podemos ter certeza de que não era muito pessoal. Falava-se da purificação da alma, da imortalidade, do convívio com os deuses. Procuravam-se as grandes verdades. Nada parecido com ter medo do abandono, ou, por exemplo, com o ímpeto irrefreável de abrir cartas alheias. Platão, além do mais, estava interessado no intelecto, na razão, e não dava a menor bola para os sentidos do corpo. E ninguém duvide de que ele conduzia a conversa na direção que mais lhe aprouvesse, ficando os discípulos mais com a parte da reverência do que com a da arguição. Enfim, exatamente o tipo de diálogo que, se aplicado ao amor, teria todas as chances de desembocar em desastre.

Freud é outro grande responsável pela invenção do diálogo. Este foi mais longe. Ao contrário de Platão, estava muitíssimo interessado nos sentidos do corpo e gostava de falar justamente daquelas pequenas verdades pessoais que o outro desprezava por serem tão pouco chegadas aos deuses.

Freud descobriu a força da fala não como meio de aprendizado, mas sim de cura. Custou para chegar até lá. Consta que estava interpretando vida e atitudes de uma paciente, tão entusiasmado, que a interrompia a cada tentativa que ela fazia para botar seus sapos para fora. Quando, de repente, exacerbada, ela gritou: "Me deixa falar!", e largou a preciosa saparia. A partir daí, a coisa encontrou o rumo que todos conhecem, com o famoso sofá, o famoso analista, e o obscuro paciente falando pelos cotovelos.

E aí é que a coisa pega, em termos de diálogo. Quem fala é o paciente. O terapeuta ou não fala nada, ou fala pouco, ou às vezes – técnica de uma escola mais recente – repete as frases mais importantes ditas pelo próprio paciente. Muito justo, já que só o paciente está doente, e portanto só ele precisa da "cura pela fala". Mas nada a ver com diálogo mesmo, aquele de mão dupla, que tanto vai quanto vem. Pelo contrário, na relação paciente-terapeuta não existe qualquer igualdade de fala; o que existe é o poder absoluto da fala de um, pingado sobre a fala torrencial do outro. Ainda assim a análise, ensinando ao indivíduo a prática de um diálogo aprofundado com ele mesmo, é, se não o lugar onde o diálogo ocorre, pelo menos aquele onde é melhor aprendido.

Mas onde anda então esse famoso diálogo dos amantes? Esse de que tanto se fala, absoluto, total, suspeito que ande em pouquíssimos lugares, suspeito até de que quase não ande. Mas o outro, mais acessível, dialoguinho modesto de todos nós, esse a gente encontra a toda hora, mediador da vida da maioria dos casais.

Fala-se muito, cala-se idem

Confesso que durante anos fui defensora convicta do dialogão. Acreditava mesmo, e o apregoava como sendo o mais santo dos remédios. Acreditava tanto que até o praticava, ou pensava praticá-lo. A meu ver – e comprando o que tanto tinha lido – representava a segurança de um casal, pois se algum desencontro acontecesse, seria identificado imediatamente, entregue como a evidência de um peixe no aquário. E então, fisgado a golpes de diálogo, desapareceria, devolvendo a limpidez ao espaço amoroso.

Reconheço meu primarismo e me penitencio. Mas como ainda pertenço à tal geração cheia de vontade de acertar, insisto na tecla, embora com expectativas mais lúcidas.

A toda hora ouço casais que se desfazem ou simplesmente veem tumultuada sua harmonia. E ora um, ora outro, vem me contar suas mágoas e me diz com espanto: "Eu não entendo. A gente conversava tanto, tinha um diálogo tão bom". Ainda outro dia, um deles, a quem a mulher de repente comunicou que ia embora, dizia-me desolado que não conseguia entender por que ela não tinha falado antes, já que sempre tinham se dito tudo. Visivelmente, não era verdade, mas ele não conseguia atinar com isso.

Por mais que duas pessoas se digam tudo, o fato é *nunca se dizem tudo*.

Até mesmo por incapacidade de falar, calamos. As emoções não são objetivas, matemáticas, fáceis de identificar. São, ao contrário, caóticas, conflitantes, quase impossíveis de medir. Verbalizar com precisão esse caos; acertar ao dizer – quando o desacerto pode ser tão grande no sentir – é coisa muitíssimo difícil, que exige inclusive alta sofisticação verbal. É possível que a mulher daquele homem, aquela que só se manifestou no último minuto, tivesse pensado infinitas vezes em falar, mas não tivesse ela própria certeza dos seus sentimentos: amava ou não amava mais o marido? Quando teve certeza, falou. E aí já não havia mais o que acrescentar.

Não, ninguém diz tudo. E enquanto nosso amado fala, nos conta de si, nos entrega segredos e nós nos sentimos enveredando pelo seu íntimo, uma sombra invisível se alonga. A sombra daquilo que não está sendo contado. Por mais que ele nos diga de si, é virtualmente impossível sabermos o que foi que ele deixou de dizer. Não se trata de engano, ele não está, conscientemente, querendo esconder nada. Trata-se de zonas de silêncio nas quais não nos é permitido penetrar.

Isso significa que *a todo universo revelado corresponde um universo omitido*. É a proporção entre esses dois universos que vai determinar o grau de intimidade e de conhecimento de um casal. Mas trata-se sempre de proporção, não de totalidade.

Frequentemente, o universo omitido inclui o factual, acontecimentos passados ou presentes que não julgamos conveniente revelar. Isso abrange toda a gama das traições amorosas. Mas inclui também fatos outros, alguns que não têm a ver diretamente com o outro, não o envolvem, fatos absolutamente privados que não pertencem aos bens comuns do casal, e sim apenas ao patrimônio de vivências individuais.

Mas é no universo das fantasias e dos desejos que o silêncio se faz mais pesado, e, por que não?, mais necessário. As fantasias são um dos eixos da nossa identificação pessoal, e, como tais, pertencem exclusivamente a nós mesmos. Além disso, embora a palavra tenha um cunho ameno, a tal ponto que o próprio Walt Disney construiu em cima dela um filme maravilhoso, as fantasias não costumam ser tão belas, e, sobretudo, não são nada edificantes.

Outro dado importante é que só o criador da fantasia sabe até onde ela é puramente fantasiosa, ou seja, até onde dispensa a realização. Se, por exemplo, eu abrir a porta para o padeiro e subitamente achar que ele é mais apetitoso e mordiscável do que o próprio pão, saberei que se trata apenas de uma fantasia erótica que não me leva absolutamente a dar uma dentada, ou um beijo, no braço do rapaz. Mas se eu contar essa fantasia ao meu amado, o mais provável é que ele me peça para passar a comprar pão no supermercado, e que fique no mínimo inseguro ao ver o pão chegar à mesa. Ele terá ciúme de um devaneio que não pede realização, que não prejudica meu amor por ele, e que, ao contrário, pode até, em determinado momento, me levar a um desempenho sexual – com ele – mais animado. A minha fantasia, tão necessária para mim, o fere. Razão pela qual é conveniente que continue sendo só minha.

Diálogo também é um problema de geografia

Todos precisam ter um universo só seu, o único em que as restrições não são colocadas por terceiros. Mas as dimensões desse universo variam muito, e apesar da necessidade de desnudamento a que nos referimos antes, ela não funciona com idêntica intensidade para todos, nem em todas as áreas. A profundidade do diálogo depende exatamente da dinâmica que se estabelece entre a necessidade de dizer e o medo de fazê-lo.

Por temperamento, alguns se sentem tanto mais seguros quanto maior for o universo omitido. Tendem a oferecer de si uma imagem positiva, que vem ao encontro das expectativas do outro, guardando em segredo tudo aquilo que, de si, lhes parece mais desabonador. Acreditam, dessa forma, esconjurar o perigo da rejeição e, em última análise, do abandono. O mais curioso é que, frequentemente, o que lhes parece desabonador não o é de fato; porém, tendo grande vergonha de seus "defeitos", eles a projetam no companheiro. Quando conseguem entregá-los, percebem, na maioria das vezes, o quanto são desimportantes e aceitáveis.

Outros não ampliam as fronteiras do universo revelado com medo de que isso os coloque com os dois pés na relação e, portanto, à mercê do outro. Preferem ficar meio a meio, um tanto revelado, um tanto não, um pé para lá, outro para cá, achando que assim poderão enfrentar apenas "meio" sofrimento em caso de ruptura.

Outros ainda cercam sua vida de um véu de constante mistério, vendo nisso um exercício de liberdade. Aplicam essa neblina aos detalhes mais insignificantes, como por exemplo dizer: "Eu estive com um amigo", em vez de dizer "Estive com Fulano". Para estes, qualquer pergunta mais direta é uma invasão, uma tentativa imperialista de apossar-se do seu território secreto.

Mas há também os que, ao contrário, encontram sua tranquilidade na abertura máxima das fronteiras. Querendo muito ser amados, aceitos em cada mínimo detalhe, entregam não somente por um sentido de sinceridade, mas em busca, às vezes até excessiva, de aprovação.

Ou então, há os que tudo contam porque, detestando serem repreendidos – já que a repreensão é uma forma de rejeição –, não aguentam a ansiedade de ocultar um erro ou um defeito que possa vir a ser descoberto. Preferem contar eles mesmos, livrando-se da espera ansiosa e ganhando pontos com a sinceridade.

O diálogo se faz em vários níveis, e para podermos nos orientar melhor é importante tentar descobrir que tipo de pessoa é realmente o nosso interlocutor, até mesmo para não exigir dele mais do que pode nos dar.

Aos dados de temperamento, acrescentam-se também os culturais. Entre os ingleses, por exemplo, não é considerado de bom-tom falar de intimidades. Já um italiano é capaz de sentar ao lado de um desconhecido num avião e ter-lhe contado sua vida, com fartura de detalhes, bem antes da aterrissagem. Para não irmos tão longe, podemos tecer um paralelo semelhante entre mineiros e cariocas, o fechamento quase ritual dos primeiros, tão diferente da abertura talvez superficial dos segundos.

De qualquer forma, é pouco provável que uma pessoa educada no culto do discurso encoberto, do não dito, da leitura nas entrelinhas, encontre depois no diálogo amoroso um escancaramento que aprendeu a considerar quase como uma falta de caráter, ou de educação.

Em geral, confiamos mais no outro do que em nós mesmos

Calamos também, com frequência, aquilo que consideramos capaz de magoar o outro. Há verdades que ferem e que, assim mesmo, devem ser ditas para a manutenção da relação. Mas há outras que é melhor não dizer, que nada acrescentam além de mágoa e ressentimento.

Difícil, porém, é exatamente saber quais coisas calamos por generosidade, para não ferir, e quais por interesse. Num caso de traição, é claro que contar ao parceiro traído representa uma terrível agressão. Mas é igualmente claro que, contando, teremos que arcar com uma série de consequências quase todas pouco agradáveis, seguramente perturbadoras do nosso até então confortável romance e igualmente perturbadoras da relação mais estável. Onde acaba então a generosidade, e onde começa o egoísmo?

Esse é um dos pontos cruciais do diálogo entre amantes. Deve-se, ou não, contar de outros interesses amorosos? A resposta não é coletiva, é do casal. Às vezes nos iludimos de que essa regra deva ser estabelecida a priori. Mas uma coisa é planejar o que não existe ainda, e outra bem diferente é agir no fragor da batalha emocional. Em geral, apesar de planejamentos e promessas, o rumo a tomar é escolhido na hora, e poucos são os que se atêm aos "deveres" do diálogo.

Outra coisa a lembrar é que, embora estruturado em mão dupla, o diálogo não tem igual fluxo de trânsito nas duas mãos; é que muitas vezes, crentes de estarmos mantendo um intenso diálogo, estamos na verdade monologando, ou quase. Nós falamos, abrimos, escancaramos, estimulados até pela receptividade com que o outro recebe e comenta nossas revelações. Mas, sem conhecer os limites do seu território não dito, e iludidos pelo fato de que ele também fala e conta coisas, não percebemos que o mais importante está sendo calado e que ele nos esconde de si o maior pedaço.

Iremos descobri-lo adiante em caso de impasses realmente graves, quando então a revelação nos derrubará da sela. É exatamente o caso daquele marido que citei antes, abandonado pela mulher, que me afirmava que eles "sempre tinham se dito tudo". O que mais o surpreendia não era o abandono em si, mas o fato de que, dialogando tanto, ela não tivesse lhe falado do seu processo de desamor. Junto com a mulher havia perdido a certeza – da qual se orgulhava – de serem um casal que realmente se comunicava.

A tendência natural é pautarmos o discurso do outro pelo nosso, e acima ainda. E – a não ser em casos de pessoas extremamente desconfiadas – acreditar que o outro está sendo mais sincero e aberto do que nós mesmos. Isso não por generosidade nossa, mas porque *precisamos de tranquilidade e confiança para manter o amor*. Dessa maneira, se cometemos pequenas trapaças de diálogo, tendemos em primeiro lugar a minimizá-las, e em segundo lugar a crer que só nós as praticamos, e não o outro. Se nossa zona de silêncio tem razoável extensão territorial, acreditamos que seja maior do que a do interlocutor, pois se tivéssemos certeza de que ele nos esconde mais do que nós a ele, tentaríamos aumentar a quantidade de nossos segredos, para aumentar nossa segurança. Poucas são as pessoas que permanecem tranquilas sabendo que o principal da vida do amado lhes está sendo negado (a não ser quando elas próprias têm enormes áreas de escuridão).

Acreditamos que o outro esteja se entregando a nós através da palavra, porque essa é a grande prova de amor, maior ainda do que a entrega do corpo. E precisamos de constantes e renovadas provas para podermos exercer nossa própria necessidade de amar.

O diálogo absoluto não existe, assim como não existe amor absoluto. Existem tentativas de diálogo, aprendizados de entrega que cada um leva até onde sabe e pode. Mas que assim mesmo, precárias, desiguais, vacilantes ainda, são o que temos de melhor na procura de um amor mais completo.

Quando o amor é pura fantasia

Se não temos um amor, se o que temos não nos faz felizes, se a vida está chata, se a alma anda em compasso de espera, há sempre um recurso para nos consolar. Fechamos por instantes os olhos à realidade e, como quem chupa uma bala no escuro do cinema, sonhamos com um amor lindo, luminoso, redentor, um belo amor mágico que talvez já esteja a caminho, e que virá para nos salvar.

Não sonhamos com amores mágicos se tudo está bem. Um bom amor corriqueiro, que nos alimenta e tranquiliza, dispensa grandezas mágicas. Mas voamos para elas assim que nos sentimos desamadas, traídas, humilhadas, assim que a gaiola da vida aperta e não encontramos a porta.

"As mulheres pensam muito mais no amor do que os homens", declarou a atriz Catherine Deneuve numa entrevista. "O amor é realmente um assunto de mulheres." Há exagero nisso, sendo o amor um assunto de ambos; porém os homens se refugiam menos do que as mulheres na fantasia do amor mágico. O mito masculino equivalente ao do "príncipe encantado" é o da "fada madrinha", traduzida em linguagem moderna para "viúva rica". Mas me parece que ela está mais para mãe provedora do que para amante embevecida; resolve basicamente os problemas econômicos, não muda todo o destino.

A verdade é que os homens são treinados para resolver os próprios rumos e solucionar os próprios problemas. E as mulheres são preparadas para entregar as rédeas da vida ao homem que irá "protegê-las", para esperar que a solução dos problemas se opere *fora delas*. Talvez o sonho de amor seja uma forma ambígua de se apossar dessas rédeas, pois embora entregando o poder solucionador ao homem, são elas que, sonhando esse homem, lhe dão vida. Seria qualquer coisa semelhante à lâmpada de Aladim: o gênio aparece e, com seus poderes mágicos, realiza todos os desejos de Aladim, mas Aladim é dono da lâmpada, é dono do gênio, que só pode aparecer quando chamado. E isso o torna mais poderoso que o gênio.

Galopando em pleno devaneio, não pensamos num novo amor como apenas um afeto que virá ocupar uma vaga, ou se sobrepor a outro já existente e insatisfatório. Mas nos entregamos a ele como a um todo absolutamente renovador. Se, na vida real, mudar de amor implica mudanças radicais, na fantasia essas mudanças, assim como o amor que as constitui, se agigantam. Ingressar num novo amor significa, simbolicamente, desligar-se de tudo, partir para outra, começar vida nova. Significa renascer. Por isso, quando uma mudança se faz necessária, pensamos no amor como o elemento deflagrador que nos permitirá, como às cobras, sair da nossa própria pele e ressurgir em outra nova.

Podemos querer tudo sem fazer nada

A vantagem de realizar essa mudança através do pensamento amoroso é que ela pode acontecer sem qualquer colaboração de nossa parte. Não precisamos sequer construir um modelo de amado para pensar. Podemos perfeitamente mantê-lo sem rosto, ou atribuir-lhe de forma vaga e alternada belos rostos que nos atraem. Quanto ao corpo, qualquer lembrança nos satisfaz. Mas até menos do que isso, basta, para nos alimentar, a ilusão de uma sensação tátil agradável, de uma pele gêmea, de um corpo limpo e essencial.

O mais importante, porém, é que o aparecimento de um amor pode se dar de repente, sem aviso prévio, mesmo nas circunstâncias mais adversas (quem, doente, ferida, já não fantasiou o aparecimento de um irresistível médico/príncipe?). *E não requer nada de nós.* Basta estarmos vivos para que possa acontecer. Como nas piadas em que o vaso de plantas cai do 15º andar deixando a vítima apenas estonteada, assim esperamos que ao dobrar a esquina o amor nos caia em cima, com uma súbita zonzeira e uma flor.

Não espanta, pois, que seja nossa fantasia favorita. Qualquer outra nos obriga a gestos, ainda que mínimos. Para imaginarmos que ganhamos a loteria precisamos pelo menos jogar. Para sonhar com uma promoção no emprego temos que nos esforçar para merecê-la. E é impossível pensar gulosamente em tudo o que faríamos com o dinheiro de um prêmio se não entrarmos no concurso. Enfim, entre todas as fantasias possíveis, a do amor mágico é a única que *não nos obriga a tomar iniciativas*. E isso até mesmo no nível mental, porque não precisamos sequer pensar em ter que tomá-las. A imaginação é tão poderosa que, em certos casos, bastaria ter que pensar nas iniciativas necessárias para nos mergulhar em ansiedade, quer pelo medo de ter que tomá-las, quer por sabê-las impossíveis.

A realidade amesquinha qualquer sonho

Na hora de sonhar, só nos interessa o máximo. Se é gratuito, por que não querer o melhor?

Imaginamos alguém que na verdade nem alguém é, mas um cabide de todas as qualidades, todas as virtudes, todas as vantagens. E nem um mínimo defeito. Ao construirmos essa verdadeira catedral humana, lhe atribuímos até dados que não nos são essenciais, mas que fazem parte daquela longa lista de estereótipos na qual se procura a felicidade. Assim, por exemplo, eu, que adoro cozinhar, posso me surpreender fantasiando um homem capaz de preparar para mim os mais suculentos molhos. E mesmo mulheres de vida e pretensões modestíssimas colocam sempre um cifrão enorme no peito do seu homem imaginário.

Mas essas supostas qualidades com as quais nos deleitamos – e, de alguma forma, nos ressarcimos de momentos difíceis – não tentam sequer fazer sentido lógico entre si. Sonhamos com um homem riquíssimo, capaz de afastar de nós qualquer preocupação de dinheiro e de nos dar tudo o que possamos desejar, mas nem por um minuto imaginamos que esse homem poderia viver ocupadíssimo por reuniões e viagens de negócios, e que nós mesmas teríamos então uma série de obrigações nem sempre agradáveis. O milionário em questão deveria ser também pessoa de sensibilidade extrema, um verdadeiro artista, mas sem o narcisismo e as inseguranças que costumam habitar os artistas. E gostar de tudo o que nós gostamos. E entender perfeitamente todas as nuances dos nossos sentimentos. E ser gentil. E amorosíssimo, carinhosíssimo, sensualíssimo.

Jamais uma ligeira barriga, uma boa fraqueza, uma bela idiossincrasia. Dificuldade de entendimento, nenhuma.

Essa é a essência do sonho do amor mágico. Ele *vive exatamente de não ser realista*. E por isso nos gratifica tanto. Quando Clark Gable filmava em Reno, Nevada, aquele que seria o último filme de sua vida (*Os desajustados*), as fãs juntaram-se uma noite diante do seu hotel. Irritado porque seus apelos não o deixavam dormir, Gable chegou à janela, e gritando: "Vocês querem meu sorriso?! Pois aqui está ele!", depositou no peitoril a sua dentadura postiça. Foi uma agressão que deve ter desestimulado muitas daquelas moças a sonharem com ele. Pois a verdade é que se incluirmos o dia a dia na fantasia, ela perde sua capacidade de satisfação, e, portanto, sua razão de ser.

Em poucos minutos, nos alimentamos de eternidade

Entre todas as qualidades de que lançamos mão para fabricar nosso amado imaginário, a mais importante é o seu amor por nós. Homem nenhum jamais me amou como me amaram os homens que inventei. Eles sim é que sabiam abrigar-me única e absoluta em seu peito. Eles sim é que viviam voltados para mim. E com quanta intensidade! Com quanta dedicação! Os outros? Ora, os outros eram apenas humanos.

No amor sonhado *somos muito mais amados do que amantes*. O nosso próprio amor não entra em consideração, não é quantificado. Imaginamos as frases de paixão que o outro nos diria, mas nem sequer formulamos as respostas. E todo o sonho é armado em cima do *receber*, sem que o *dar* apareça como uma exigência. De certa forma, isso vale como medida da paixão do outro, tão avassaladora que sobrevive mesmo sem retorno. Além do mais, é óbvio que a uma pessoa tão absolutamente irresistível amaríamos sem falta, e que o sonho só existe porque pressupõe um enamoramento de nossa parte, sem o qual não haveria felicidade.

Outra ausência determinante para que nossa bela arquitetura se mantenha de pé é a da noção de fim. Não conheço mulher nenhuma que, ao imaginar o bilhete de amor que acompanhará o primeiro buquê de flores enviado pelo "príncipe", lhe acrescente a visualização da carta de adeus que, com flores ou sem elas, servirá de despedida. Para ser tão pleno e total quanto necessitamos, o amor inventado precisa ser eterno. Basta o simples fato de, num estremecimento, pensarmos no fim – antes mesmo de termos tido qualquer começo real – para "normalizar" esse amor e imediatamente destituí-lo do seu poder. Se o pensamento é capaz de introduzir a ideia de fim é porque admite a possibilidade de desencontro, de imperfeição. E esse amor então já não é mágico.

Analisando todos os elementos que compõem a fantasia do amor mágico, veremos porém, e não sem alguma surpresa, que de fato *não estamos inventando nada*. Estamos simplesmente repetindo um modelo, fabricando um verdadeiro *clone* amoroso.

É por essa razão que todas as fantasias do amor salvador são idênticas. A empacotadora do supermercado e a sofisticada colunável têm em seus sonhos um mesmo "príncipe". Seguro, protetor, rico, inteligente, delicado e apaixonadíssimo. E belas, voluptuosas, porém doces e compreensivas são as mulheres-fantasma de todos os homens. O mais são acessórios que obedecem ao gosto individual mas que, como a ordem dos fatores, não alteram o produto.

O modelo é estabelecido fora de nós, de acordo com o ideal social e, embora mantendo intactos os pontos básicos, varia de acordo com as alterações desse ideal. Na época em que minha avó viajava em suas fantasias, incluía nelas, além de um par de polainas e lustrosos bigodes, a honradez, o cavalheirismo e a boa origem da família. Não creio que essas três exigências sequer passem na cabeça das minhas filhas.

Mas sendo o ideal social apoiado em valores práticos, ao escolher com ele estamos também escolhendo imaginariamente um tipo de pessoa *capaz de resolver todos os nossos problemas*. De nada me adiantaria sonhar com um surfista se morasse em meio ao gelo e precisasse de um homem para providenciar alimento. E seria ridículo, no deserto, preferir um financista de Wall Street a um exímio cameleiro (a não ser que meu sonho fosse justamente abandonar o deserto).

A fantasia, portanto, apesar de construída no ar, tem um lado prático flagrante. E é justamente esse lado que tanto nos tranquiliza.

O sonho do grande amor contém todos os outros

Aérea, impossível de realizar, a fantasia do amor mágico é, porém, a mais completa e satisfatória entre tantas. Não só acalma nossa ansiedade, resolvendo tudo com um único símbolo, como nos dá a garantia – na medida em que uma fantasia pode garantir alguma coisa – da mais absoluta felicidade. E nisso ela é única.

Se sonhamos em ganhar a sorte grande, ou em receber uma herança inesperada, podemos imaginar a realização de todos os nossos desejos materiais, a posse dos mais preciosos objetos. Mas isso não nos garante que venhamos a ser felizes. Até pelo contrário; no fundo de nossas almas ecoa a ameaçadora frase puritana "o dinheiro não traz felicidade", e logo imaginamos que o preço a pagar por tanto dinheiro possa ser a proximidade de afetos interesseiros e a incapacidade de avaliar a sinceridade de um amor.

Mesmo as mais mirabolantes fantasias de sucesso no trabalho não nos parecem de todo satisfatórias, pois, mais uma vez, não nos garantem um amor generoso.

Nas nossas fantasias não basta o sucesso, não basta o dinheiro. E se os fazemos bastar é só porque pensamos que, armados de um e de outro, será bem mais fácil conseguir o amor de que tanto precisamos. Na vida real podemos até acabar sozinhos. Mas na imaginação fazemos questão de estar muito bem acompanhados.

Para o exagero do sonho, só o exagero do arsênico

De todos os exemplos de fantasias amorosas, o mais famoso é o de *Madame Bovary*. Emma, a fascinante personagem criada em 1856 por Gustave Flaubert, começa a ser alimentada com sonhos românticos já no convento em que aprimora sua educação. Sonhos que, evidentemente, não se realizam no casamento com um modesto médico do interior. Nenhum cavalo branco, apenas uma charrete e um velho cavalo cansado.

Mas Emma aprendeu o jogo. Assim como "fugia" do convento, continua fugindo da sua cinzenta vida de casada sonhando com amores tão luminosos quanto os salões de baile de castelo do marquês de Vaubyessard, para os quais é convidada. Amores que sucessivamente falham e que não vêm em seu socorro sequer quando, esmagada pelas dívidas que contraiu, vê-se à beira da miséria. Desiludida, não podendo mais recorrer à fantasia, ela se mata.

O problema de Emma estava na incapacidade de ver as fantasias apenas como fantasias. Tentando transportá-las para a realidade, dar-lhes vida através de homens que se viam obrigados a representar um papel que só ela sabia de cor, acabava invariavelmente frustrando-se. Beijava os sapos esperando uma transformação. Mas eles continuavam sapos e ela era obrigada a engoli-los.

Emma Bovary é o exemplo de como a fantasia mal utilizada pode ser paralisante e até mesmo mortífera (embora para não ser tão metafórico Flaubert tenha preferido matar sua personagem com arsênico). Mas ela é apenas uma. E, se levarmos em consideração quantos veem beber desse sonho, veremos que afinal ele não é tão pernicioso assim. Pelo contrário. Vivido com senso crítico e distanciamento, pode nos gratificar, reabastecendo nossas baterias, gerando o ânimo necessário para fazer aqueles gestos e tomar as atitudes capazes de nos conduzir a amores menos mágicos, mas igualmente satisfatórios.

O sofrimento é inevitável

Procuramos o amor porque queremos ser felizes, e a felicidade sem amor nos parece, no mínimo, improvável. Mas quem nos autoriza a acreditar que amor e felicidade sejam sinônimos?

Tudo nos demonstra o contrário. Torça um belo romance romântico e escorrerão lágrimas. Ouça uma canção de amor e ouvirá a história de uma separação. Amor é frequentemente sinônimo de dor. E isso não o torna menos necessário.

Mas se por acaso nosso vizinho está envolvido em um amor difícil que volta e meia o põe em desespero, logo dizemos que aquele amor não é *bom*, é um *mau* amor, do qual ele deveria se livrar o mais depressa possível. O amor sofrido que tanto sucesso fazia no século passado viu-se transformado em amor neurótico, aliás nem mais *amor*, apenas *relação*. E como tal passou de sentimento a doença.

Se a amiga sofre porque o marido bebe, achamos peremptoriamente que deveria se separar. Ele bebe e ela sofre, é verdade, mas quando sóbrio ele é um companheiro generoso e alegre, e talvez tenham grandes êxtases no sexo. Para isso pouco olhamos. Vemos as lágrimas e viramos o polegar para baixo, entregando aos leões aquele amor, que por ser lacrimoso já não nos parece digno de sobrevivência.

Querer o amor sem dor é querer o impossível. É ouvir o canto da sociedade que através da tecnologia e da medicina tenta nos vender a obrigatoriedade do bem-estar físico e mental, tenta nos impingir o mercado da felicidade, dissociando o sofrimento do resto da vida. Não há bolinhas para o mal de amor, assim como não há bolinhas para o amor. Podemos no máximo ficar "tranquilizados". Mas a tranquilidade, sobretudo química, está muito longe de ser felicidade.

Amar é estar em disponibilidade para o sofrimento. Pois se o amado é insubstituível e nele se concentram todos os nossos desejos, nossa vulnerabilidade é absoluta. E o simples conhecimento dessa vulnerabilidade, dessa dependência, arrepia de susto nossa alma.

O mais complicado é que não dependemos só dele para sermos felizes ou para mantermos a felicidade aparentemente obtida com a vitória inicial da conquista. Dependemos da pessoa em que ele se transforma ao se tornar *o amado*, pessoa que em grande parte independe dele mesmo.

Vem avançando na vida aquele indivíduo semelhante a outros milhares de indivíduos, que em meio à multidão mal se distingue. Mas eis que de repente, como a câmera que entra em foco e se aproxima distinguindo a personagem principal, nossa atenção se crava nele, farejando possibilidades. E logo o elege objeto de paixão.

Até ali ele era um, feito de sua personalidade, de seus pontos de vista, até mesmo de seu corpo. Mas a partir da escolha será transformado. O rosto, até então rosto comum, torna-se iluminado, um rosto debaixo dos refletores que nosso amor lhe joga em cima constantemente; agora, em meio à multidão, nós o distinguiremos mesmo que esteja de costas. O corpo deixa de ser um corpo que vive e se estabana para se tornar aquele que satisfaz e deseja nosso corpo, pele com a obrigação de ser nossa segunda pele. E suas atitudes, suas ideias, suas posturas serão medidas, confrontadas, agigantadas ou encolhidas para combinarem melhor com as nossas, para preencherem os vãos que lhes havíamos destinado e realizar aquela mágica de complementação e completude que nos dará a certeza de estarmos navegando em pleno amor.

A partir daí ele se torna a pessoa que é somada à pessoa que queremos que seja e à pessoa que vemos nele. Nossa felicidade depende, portanto, dessas três pessoas e do equilíbrio que elas conseguirem manter entre si. Se levarmos em consideração que ele só tem controle direto sobre a primeira, perceberemos a precariedade da situação em que amar nos coloca.

Não basta ser feliz para não sofrer

Qualquer alteração é suficiente para nos aproximar do sofrimento, embora o ser amado não precise necessariamente fazer nada para isso nem seja necessário que nos desame.

Basta que mude em algum ponto a imagem que temos dele. A princípio é sempre perfeita e ascendente, já que a cada dia lhe acrescentamos mais brilho, como bordadeira que progressivamente recobre de lantejoulas o pano da fantasia de luxo. Cada detalhe novo nos fascina, porque no processo do enamoramento o transformamos em mais um elemento de sedução; o colocamos sob uma luz propícia. Mas à medida que a relação progride e que, forçosamente, o amado não cumpre todas as metas – impossíveis – que havíamos estabelecido para ele, começamos a retirar os bordados.

Em tempos de abastança, as matriarcas da Malásia mandavam encapar de ouro todos os dentes. Era a sua caderneta de poupança. Depois, à medida que, velhas, não tinham mais como ganhar dinheiro, mandavam retirar o ouro progressivamente. No amor fazemos mais ou menos o mesmo, só que com os dentes alheios. A cada irritação, a cada frustração, a cada desapontamento, tiramos uma ou mais lantejoulas, mostrando um pouquinho do pano, aquele mesmo pano que, até então encoberto por nós mesmos, fazíamos questão de não ver. E a cada retirada sofremos um sobressalto, como se o outro tivesse subitamente piorado, rompendo a promessa de perfeição.

Bastam pequenas coisas. O modo um tanto voraz de ele comer, que antes nos parecia a visualização prazerosa de sua força e de seus apetites eróticos, passa de repente a nos incomodar, transformado em demonstração de vulgaridade. O cacoete que antes não víamos se agiganta. E temos a impressão de que também para os outros esses "defeitos" começam a aparecer, desprestigiando publicamente nosso amado e, consequentemente, desprestigiando a nós que o amamos.

O sofrimento bate então suas asas, mesmo se só de leve, porque sabemos que o amado comporta pedaços de pano nu. Mas não sabemos até onde continuaremos retirando lantejoulas. Nem que quantidade de pano nu nosso amor será capaz de suportar. E *o pensamento do fim do nosso amor por ele é quase tão doloroso quanto o do fim do amor dele por nós.*

Quase, porque não há rejeição. Mas em compensação há culpa. Suspeitando que já não amamos tanto, nos sentimos culpados em relação ao outro, que essa própria suspeita trai. E nos sentimos culpados em relação a nós mesmos, que nos havíamos prometido a eternidade do sentimento. Se amar eternamente é tudo o que queremos, e se estávamos convencidos de ter embarcado no bonde da eternidade, o fato de puxar a cordinha e pedir para descer sem que ninguém nos empurre nos deixa muito mal. De alguma maneira nos diz que não fomos capazes, que fracassamos na tentativa. E por mais que ponhamos a culpa no outro – o que fazemos invariavelmente e sem muito caráter –, a verdade é que nos sobra sempre a culpa de termos escolhido errado.

Mesmo amando plenamente, porém, somos capazes de sofrer, como se a própria perfeita harmonia em que flutuamos despertasse ecos dolorosos. Basta, por exemplo, uma separação em esfera próxima para que nossa própria felicidade pareça ameaçada. De repente, temos vontade de nos isolar com o amado, fugir do social, ir para debaixo da palmeira na ilha deserta, como se toda aproximação externa representasse um perigo, como se sozinhos tivéssemos mais probabilidades de manter imutado o amor.

O fato de viver a perfeição do amor nos assusta duplamente, pois qualquer coisa menos do que ela nos parece inaceitável, e temos, ao mesmo tempo, a certeza de que, como ela, só é e só será possível para nós com aquele determinado parceiro. Dessa forma, o mundo sem ele se afigura invivível. E basta a consciência disso para nos fragilizar.

Apaixonada, já me vi com as mãos geladas e o coração aos pulos porque de súbito minha mente havia "descoberto" a possibilidade de o meu amado morrer. Bastaria um carro na esquina, um suicida que despencasse sobre ele do décimo andar, para que eu, que estava ignara na minha casa a quilômetros de distância, fosse com ele atropelada ou caísse de borco na calçada. Eu podia morrer subitamente por sua pura ausência, sem que me fosse dada qualquer defesa. Não adiantava todo o meu bem-querer, não adiantavam meus cuidados, nada no meu esforço de manutenção do amor adiantava. Bastavam um carro, um corpo, um vírus. E sobre esses eu não tinha o menor controle.

Lutamos mais quando não sabemos nosso ranking

Se somos capazes de sofrer assim numa relação de amor correspondido e, dentro do possível, em plena confiança, sofremos muito mais quando a reciprocidade existe, mas não conseguimos nos assegurar dela.

O outro nos declara seguidamente seu amor mas, por exemplo, nos deixa esperando dias inteiros, ou mesmo um só dia, sem comparecer ao compromisso marcado, sem dar o telefonema prometido. Logo imaginamos que essa falha seja a primeira de uma série, indicador seguro de que já não valemos tanto para ele e de que em breve nos deixará. E a falha, que em si não seria grave, se torna assim gravíssima.

Ou então ele nos ama e o diz e o demonstra, mas por alguma razão suspeitamos de que esteja interessado em outra pessoa, ou que nos traia. A partir daí um simples atraso pode trancar a respiração em nossa garganta, e qualquer atitude apenas menos amorosa será interpretada como de pleno descaso.

Porque sabemos que o amor é precário, exigimos que ele nos seja constantemente reafirmado, quer por palavras, quer por atitudes. Mas nem sempre o outro é um "reafirmador". Às vezes ama e não gosta de dizê-lo. Às vezes não o diz com medo de, demonstrando-se muito apaixonado, entregar-se demais ao parceiro. E às vezes não o diz porque o fato de manter o outro em suspense de amor, quase em eterna luta de conquista, lhe dá a ilusão de tê-lo mais disponível, mais apaixonado.

E então, sem ter a exata medida de nosso valor para ele, sofremos. Tudo o que não é a presença dele é perpassado de sofrimento. E nem podemos dizer com certeza que seja um amor daninho, porque estar juntos é bom e reconfortante e nos dá a certeza de sermos amados. Presente, ele é cheio de desvelo, absolutamente encantador. Mas assim que se afasta começamos a nos perguntar se realmente nos ama, se esse é o máximo de amor de que é capaz, ou se há uma totalidade maior, que ele reserva para outra qualquer pessoa no futuro.

Se é muito exigente, nos afligimos pensando que exige porque não confia em nosso amor. E tendo já demonstrado tanto, não sabemos mais o que fazer para sermos ainda mais convincentes. Mas se não é exigente, ainda mais nos afligimos pensando que não nos exige porque não nos dá importância.

A angústia de uma relação em que não sabemos a quantas andamos no coração do outro é que, se por um lado nos preparamos constantemente para o fim, pelo outro estamos o tempo todo batalhando para conquistar mais centimetragem amorosa, como se bastasse ultrapassar determinada marca invisível para conquistar enfim o tipo de amor mais convincente de que necessitamos.

Na encruzilhada, somos presos por ter cão, e presos por não o ter

Essa divisão, porém, não é falha nossa, individual. Ela vem sendo paulatinamente implantada e reforçada em nós por nossa cultura. E representa a própria encruzilhada que, culturalmente, não estamos conseguindo resolver.

A amiga casada pela segunda vez me telefona e eu pergunto como vai, como está a vida, se ela está feliz. Risonha do outro lado, me responde: "Estou ótima. Você sabe, o segundo casamento é sempre melhor do que o primeiro". Ri alto. "Espero que o terceiro seja melhor que o segundo." Casada e feliz, ela já projeta para o futuro a possibilidade de uma felicidade maior com outro parceiro. E não porque este não lhe agrade, mas porque o fato de saber que outro ainda melhor pode estar adiante faz com que não se sinta tão ameaçada pela eventualidade de o amor deste, ou por este, acabar. Talvez por não amar "eternamente", consiga amar melhor.

Pertencemos à geração do descartável, desinventamos o duradouro. À navalha, que durava a vida inteira, preferimos o barbeador que se utiliza só um par de vezes e se joga fora. Trocamos o bom e sóbrio tecido que usaríamos durante anos pela alucinante cor da moda que durará apenas uma estação. E inventamos o lenço de papel, a fralda de papel, a calcinha de papel (inevitável, me ocorre o pensamento de que se joga fora o que é de crianças e mulheres, mas ninguém ainda lançou no mercado a cueca de papel). Resistência e boa qualidade tornaram-se palavras sem sentido, o máximo que admitimos é obsolescência planejada. *Esse "descartismo" contaminou os sentimentos. Sem, entretanto, mudá-los por completo.*

Hoje, quando me apaixono, penso que se acredito no grande amor e se faço sonhos de eternidade sou uma romântica ridícula. Pior que isso, sou uma pessoa incapaz de viver a realidade, de enfrentar a precariedade das relações humanas, de "elaborar as perdas"... Enfim, sou alguém próxima da inadequação, que sem muito esforço poderia ser chamada de neurótica.

Mas se me apaixono e não acredito na possibilidade do grande amor, se já começo pensando no fim, sei que sou uma cínica, superficial. Pior que isso, sou uma pessoa incapaz de viver as grandes emoções em toda a sua grandeza, de acreditar na força redentora dos sentimentos, de aceitar o desafio da entrega. Enfim, sou alguém próxima da inadequação, que sem muito esforço poderia ser chamada de neurótica.

Incapaz de resolver a divisão a contento, fico com as duas possibilidades, amo eternamente preparando minha alma para a despedida, e bato no peito culpada por amar de todo, culpada por não amar de todo.

Para atenuar o desgaste em que a falta de convicções nos mergulha, mudamos o sentido de *indecisão*. Hoje ela é pura sabedoria, aceitação democrática dos comportamentos. Assim, não preciso me desnortear pelo fato de o mito do amor eterno ser tão alardeado quanto a beleza da amizade colorida. Optar por um deles seria reacionarismo grave, fechamento, falta de visão. Os dois são igualmente válidos. *A divisão foi institucionalizada*. Sem com isso eliminar o sofrimento.

Sofrimento tem função, não é sadismo da natureza

Para nosso consolo, o sofrimento tem lá suas vantagens. Um bioquímico americano, William Frey, descobriu até que as lágrimas de amor são utilíssimas. Como as de felicidade, e à diferença das de irritação, são muito ricas em proteínas. Segundo ele servem – como o suor e a urina – para eliminar toxinas do organismo; no caso, substâncias produzidas pelo estresse emocional.

Mas não é só do ponto de vista proteico que o sofrimento é necessário. Há tempos, e para minha total surpresa, Ziraldo me disse: "Eu nunca sofri". Dei-lhe pêsames, tentei convencê-lo de que estava perdendo um sentimento fundamental, de que, como criador, privava-se de uma experiência indispensável à plena realização artística. Ele me olhava e ria, sem querer entender. Pena que naquela época eu ainda não tivesse lido *Fragmentos de um discurso amoroso*, de Roland Barthes, senão poderia ter-lhe contado a história da monja que em 1199 partiu em direção a uma distante abadia cisterciense para obter, através das orações dos monges, o dom das lágrimas. Porém, sem história para contar - as pessoas se fiam muito em citações altissonantes -, parecia que a louca era eu. Pois se todos vivem querendo ser felizes, Ziraldo, que o era ininterruptamente, só podia estar certo.

Mas outro dia ele chegou para mim com um sorriso e disse: "Agora eu já sofri". E ao dizê-lo tapou por um instante o rosto com a mão. Não escondeu o olhar por ter me entregado um sentimento negativo, vergonhoso, mas sim porque ter sofrido fazia dele uma pessoa melhor. E teve pudor, como se estivesse me contando uma vantagem.

O sofrimento não nos faz melhores por ser, em si, uma coisa ótima. No auge do sofrimento, somos tão cegos quanto no auge da felicidade. Mas ele nos melhora porque é lento de diluir, e nessa lentidão desbravamos trilhas que o bem-estar fazia parecer inúteis ou inexistentes.

Sofrer por amor nos obriga a pensar esse amor vezes sem fim. Viramos o amor de um lado, examinamos tudo, viramos do outro, tornamos a examinar. E viramos e reviramos na tentativa de ver todos os ângulos, na esperança de que desse exame nasça o entendimento. Pois sabemos que entender nos ajudará a sofrer menos.

Assim, o sofrimento nos obriga a um tipo de atenção diferente da do amor. Enquanto este só está interessado em procurar as qualidades que lhe servirão de reforço, aquele acredita em procurar a verdade. No ato prático é pouco provável que a encontre, porque está envolvido demais, sem possibilidade de distanciamento. Mas à medida que o próprio mecanismo de observação progride e o tempo passa, o distanciamento se faz, e começamos realmente a enxergar melhor.

Por outro lado, um sofrimento bem aproveitado nos acrescenta sempre alguma sabedoria, que poderemos aplicar em amores futuros. Não convém contar com essa aplicação para evitar outros sofrimentos, mas pode-se ter certeza de que ajudará na interminável construção da felicidade.

Das vezes todas em que estive infeliz nunca consegui pensar "que bom, eis que como um sábio no seu eremitério eu me enriqueço nesse sofrimento". Achei que era um inferno, uma maldição dos céus, uma injustiça. Cuspi sangue, cuspi maribondos. E quis sair do sofrimento o mais depressa possível. Qualquer outra atitude teria sido puro masoquismo.

Mas já tendo atravessado a pé vários desertos, olho para trás e vejo que de todas as travessias extraí coisas importantes. Voltam à minha memória aulas de geografia da infância, o Nilo subindo, inundando tudo, e retirando-se depois, deixando como herança a lama fertilizante. A imagem é melosa, mas acho que sofrimento de amor, sofrimento bem grande, é assim mesmo, uma tremenda inundação que nos leva de roldão, quase nos afoga, depois nos deixa ainda por um bom tempo bracejando de borco na lama. Mas que afinal, quando o sol brilha, quase para nossa surpresa, ajuda no fortalecimento de novas brotações.

Correndo em volta da cama

Encontro a linda amiga desquitada. Vamos à praia, ela desabafa. Já faz cinco anos que se separou do marido, e até agora não conseguiu um companheiro. Homens não lhe faltam, os amigos a consideram boa companhia. Mas simplesmente não consegue costurar uma relação.

A coisa acontece sempre obedecendo ao mesmo modelo, como peça ensaiada. O homem se interessa, começa a telefonar, quer sair. Saem algumas vezes. Tudo se passa muitíssimo bem, ele parecendo encantado, a tensão romântica e erótica se adensando no ar. Aí eles vão para a cama. E tudo muda. Ele pode até telefonar no dia seguinte, ou não. Mas o mais provável é não a convidar para sair durante uns dias. O próximo passo – podendo eventualmente haver mais alguns encontros sexuais de permeio – será dizer-lhe, com ar de constrangimento quase compungido: "Você é areia demais para o meu caminhão", ou "Com você não quero brincar, você é séria demais. E eu não estou querendo nada sério por enquanto". Alguns vão mais além, dizem que estão começando a ficar envolvidos, mas não querem envolvimento porque ainda estão traumatizados com a última relação que tiveram, não estão com a cuca boa, não querem enfrentar outra barra... quem sabe..., talvez, mais adiante... mas por enquanto nem pensar. E todos, invariavelmente, se afastam, deixando-a com mais um desapontamento.

Vou buscar fotos com a encantadora amiga fotógrafa, desquitada ela também. Tomamos chá de jasmim, e ela fala. O que é que há com os homens? Ela e suas amigas se perguntam por que eles estão com tanto medo de compromisso. Nenhuma está conseguindo estruturar uma relação. Homens não faltam. Se interessam, telefonam etc. Há uma frase recorrente, diz ela, para ser usada depois do primeiro encontro sexual; com ar displicente, na hora de voltar para casa, ele diz: "Então a gente se vê por aí qualquer hora", significando que não vai telefonar, que o fato de terem dormido juntos não implica nenhum tipo de ligação e que, se outros encontros houver, serão puramente casuais. Porque essa frase é tão agressiva, algumas mulheres já se adiantam e, antes que ele diga qualquer coisa, são elas que a largam com a *nonchalance* de quem tira uma luva: "A gente se vê por aí...".

Vou procurar meus amigos homens, conto o que tenho ouvido das mulheres, peço que me expliquem. "No sexo", me diz um, "somos caçadores. Mas somos caçados no afeto. As mulheres estão sempre querendo nos agarrar, têm mania de casar. É disso que a gente foge."

Visualizo o que ele acaba de dizer: o homem seminu, como um sátiro, correndo atrás da mulher que foge ao redor da cama, e ao mesmo tempo – na circularidade dessa fuga – o persegue brandindo uma aliança. Seria cômico se não fosse dramático. Homens e mulheres se procurando, se precisando, se querendo, mas com finalidades diferentes, que acabam por afastá-los.

É isso mesmo? Em parte. "Nós somos caçadores no sexo", disse ele. E como caçadores usam o pio, o chamariz, as mais belas cores da plumagem. Todo o seu ritual de sedução tem por finalidade obter a aquiescência da fêmea e exige o pleno arsenal. Frequentemente não têm, ao se aproximar de uma mulher, nenhuma outra intenção.

As mulheres frequentemente têm também outra intenção. Que pode não ser a de casar. Ouvem o pio, sabem que ele vem para caçar, sabem de que caçada se trata. Se respondem, se arrepiam as penas, é porque o jogo lhes interessa. Querem exercitar sua eroticidade. À diferença dos homens, porém, esta costuma estar ligada ao afeto. Dormir com um homem não significa paixão fulminante. Mas o fato de ter escolhido este em lugar daquele significa que este tem mais qualificações para uma eventual relação. A caçada erótica é para as mulheres qualquer coisa semelhante ao contrato de risco: investem num homem quando lhes parece haver ali mais possibilidade de encontrar petróleo.

Contrariamente à sensação dos homens, não querem agarrar todos definitivamente. Mas ao se deixarem perseguir em volta da cama, estão querendo, isso sim, abrir possibilidade para o estabelecimento do afeto, do encontro, da relação. Essa possibilidade não só não as assusta como as impulsiona.

Com os homens acontece exatamente o oposto. Embora cheios de afeto, temem exercê-lo. A emoção é terreno onde se sentem pouco à vontade, onde suas defesas lógicas se esboroam e qualquer um resvala para a não razão. É o terreno do imprevisível e da perda do domínio de si, que há séculos entregaram às mulheres. Mas outra ameaça mais séria de desmasculinização está contida no afeto: o estabelecimento da relação que, fatalmente, conduz à monogamia. Ora, o sexo para os homens não é apenas um instrumento de prazer. Como me dizia outro amigo: "É uma arma com que contamos para ganhar a grande disputa entre machos. Como se fosse uma perna a mais para vencer a corrida num universo muito competitivo". Impossibilitar o uso dessa arma – pois na monogamia ela não pode se afirmar em sucessivas vitórias – equivale a cortar a perna/membro, desmasculinizando o homem. Afeto e monogamia se confundem portanto numa coisa só, vista sempre como feminina.

Os homens não são "qualquer um"

"Vocês se queixam da gente", me dizia um terceiro, "mas a gente também sofre, também quer casar, arrumar a vida. E não é fácil. O que nós queremos é ter o direito de escolher devagar, escolher certo. Vocês mulheres não, são muito apressadas, muito ansiosas. Parece que não é nada pessoal, que qualquer um serve desde que case."

O curioso é que enquanto os homens continuam com essa sensação de serem caça matrimonial aleatória, as mulheres estão ficando cada dia mais seletivas. Não que não queiram casar. Querem. Mas só se for com alguém que valha mesmo a pena. As jovens que passaram incólumes pela primeira leva de namorados e não casaram nos arroubos românticos iniciais, e as desquitadas que já levaram um tombo e só recentemente conquistaram sua independência temem um mau casamento. E muitas vezes, ao procurarem uma relação, estão querendo apenas um homem fixo, mas não um casamento, pois já sabem que um homem bom para namorar pode não ser bom para casar. Embora continuem querendo afeto, as mulheres estão muito mais retraídas quanto a casamento.

Mas se os homens acham que qualquer um serve e que avançamos neles sem "nada de pessoal", devem ter lá suas razões.

Tento imaginar o ponto de vista de um João. Pintado para a caça, sai na selva urbana e, não sem esforço, consegue lançar sua rede sobre Maria. Percebe logo após que Maria estaria inclinada a um romance, e rapidamente foge apagando seu rastro. Na fuga, porém, embate-se em Ana, a qual por sua vez, depois de alguns ademanes, é flechada e conduzida ao leito. Para desagrado de João, que parte célere, Ana também demonstra interesse romântico. Se depois de Ana ele caçar Ruth e Lia, e ambas externarem ímpetos amorosos, João estará plenamente convencido de que as mulheres não escolhem parceiro e fazem questão de se apaixonar pelo primeiro que lhes cai nas mãos.

João, na verdade, está se baseando em seu próprio comportamento. Igual a todos os homens, ele escolhe basicamente *depois* da relação sexual. Antes, a escolha masculina é muito sumária. Como não há para ele nenhum impedimento social, de idade, classe, nível mental, o homem se volta indiferentemente para moças, ninfetas e maduras, para pobres e ricas, para burras, gênias, inferiores ou superiores. O único requisito é que ela lhe agrade sexualmente – fator no qual em certos casos também não há grandes exigências. O fato de estar buscando somente a satisfação sexual faz com que os outros atributos lhe pareçam secundários. Se depois de já ter havido sexo ele continuar sentindo atração, começará então o processo de avaliação e, consequentemente, de escolha.

As mulheres, ao contrário, escolhem *antes*. João se esquece disso, mas antes dele passaram diante de Maria, com os mesmos intuitos caçadores, José, Paulo e Pedro. E Maria não se deixou caçar. Ela estava escolhendo. Se permitiu que a rede de João lhe caísse em cima, é porque ele já tinha sido selecionado entre vários e demonstrado atrativos superiores aos demais. João não sabe que para Maria ele não é "qualquer um". Mesmo antes de dormir com ele, ela o considerava superior aos demais. E o ato sexual serve para confirmar isso, ou não.

João parece ignorar essa evidência tão clara para o mundo feminino. Não é à toa. O fato de ter sido escolhido antes enfraqueceria a força sedutora do seu pênis, força que toda a sociedade vive enaltecendo. Se ele é escolhido sem a prova do sexo, significa que o sexo não é o fator principal. E isso contraria frontalmente toda a estrutura masculina.

João esquece também que a própria sociedade se encarrega de realizar uma triagem apriorística para as mulheres. Para ser uma mulher bem integrada no seu meio, Maria não pode querer qualquer um, devendo descartar todos os homens muito inferiores a ela - econômica, social e intelectualmente - e os bem mais moços.

Fica evidente, portanto, que não é qualquer um que serve para as mulheres, nem mesmo para ir ao motel da esquina. Mas fica igualmente evidente que existe um descompasso. Os homens querem caçar todas, e depois, entre todas as caçadas, escolher aquela que mais lhes agradar. Isso sem pressões, sem constrangimentos, sem ter a sensação de que a caça os almeja para o amor. As mulheres querem ser caçadas - e ser coautoras da caça - somente por alguns, tentando com todos estes a experiência do afeto e a possibilidade de uma relação mais duradoura.

Essa disposição feminina já é mais do que suficiente para ameaçar os homens, pois de alguma forma se adianta à escolha deles.

Cria-se uma situação dividida. Desejando muito uma relação, indispensável à sua afetividade, os homens são levados a fugir dela por considerá-la incompatível com a sua sexualidade. Como porém precisam das mulheres tanto quanto as mulheres precisam deles, as colocam no papel de forçadoras de barra, confiando em que consigam romper sua resistência e levá-los à relação. Mas porque elas exercem esse papel, eles as temem e fogem delas.

Porque o amor custa caro

Dois argumentos foram repetidamente citados por meus amigos em relação aos homens desquitados: o dinheiro e a perda. "Quando a gente sai de um casamento", me disse um deles, "está pobre. Larga o dinheiro todo na mão da mulher, e as correções monetárias, as ORTNs, os médicos, os dentistas, os colégios se encarregam de manter a gente pobre por muito tempo. A ideia de casar de novo e sustentar outra família é um terror."

E o outro me explicou: "Minha mulher ficou com a casa, com tudo o que tinha dentro, com os filhos, com a nossa cama, e até com o cachorro. Eu não consegui levar nem a empregada. Saí de mala na mão e fui para um hotel. Nessa não entro mais."

É verdade. Os homens pagam caro, literalmente, por um desquite. Por outro lado, está estatisticamente provado que a mulher baixa de status quando descasa e que, enquanto os homens recompõem suas finanças cerca de dois anos depois, a mulher dificilmente volta a subir. Não há mistério nisso. Se a mulher tem uma profissão, só tem direito a pensão para os filhos; mas é sabido que em geral as mulheres ocupam as profissões de mais baixa remuneração, e é claro que, tendo que cuidar dos filhos, não dispõem da totalidade dos seus horários para se dedicarem a um emprego ou dinamizarem uma carreira. Além disso, é alta a proporção dos pais que não pagam a pensão dos filhos, ou a pagam de forma muito irregular.

Quanto às perdas, é verdade também que a perda inicial do homem é muito maior. Ele costuma perder a casa com tudo o que representa de material e de simbólico. E perde a convivência familiar. É um terremoto emocional que ninguém quer repetir.

Socialmente, porém, o homem logo ganha com o desquite. Torna-se altamente disputado, circula, sai, é convidado. Exatamente o oposto do que acontece com a mulher. Ela perde menos na primeira etapa. Mas socialmente passa a ser discriminada, tem dificuldades práticas para sair sozinha à noite, é barrada nos bares e boates, é menos convidada, e muitos casais se afastam dela, vendo-a como uma ameaça.

No cômputo final me parece que ambos perdem igualmente, e que a separação é tão dolorosa para um quanto para outro. Apenas, a mulher está mais disposta a tentar outra vez, até mesmo porque a situação de descasada é difícil para ela. E o homem reluta porque, à soma do que já perdeu desquitando-se, não quer acrescentar a perda de sua recém-adquirida liberdade.

Carência não é privilégio feminino

Os homens se queixam de que as mulheres são sôfregas, ansiosas, vão com muita sede ao pote. Não deixam de ter razão. Entretanto, acredito que no primeiro João que passou pela vida de Maria e logo foi embora, Maria não estivesse exatamente sôfrega. Podemos imaginar que estivesse emocionada, talvez, mas não ansiosa. Idem, novamente no segundo João. Mas à medida que os Joões passam e prosseguem sem parar sequer por um tempo, Maria vai ficando angustiada. Pergunta-se se há algo errado com ela, se não agrada. Esmera-se para agradar. Quando os Joões continuam não parando, ela se pergunta se estaria escolhendo o João errado. E na expectativa de acertar na escolha e acertar no comportamento para acertar a vida, Maria vai ficando ansiosa, sôfrega, com uma sede enorme daquela água que nunca lhe chega à boca.

As mulheres querem se relacionar no afeto, integrar o sexo ao emocional. E à medida que essa integração lhes é interditada, aumenta a sua carência. Uma carência que não é preenchida pelo sexo em si – por mais satisfatório que seja – porque o sexo em si não representa valorização específica para a mulher, não é sua moeda principal. O acúmulo de sexo descompromissado costuma ter o efeito oposto; aumenta a carência, porque testemunha não a ausência de homens, mas a impossibilidade de aderência. E, como tal, configura uma rejeição.

As Marias têm se esforçado para minimizar sua sede, e mesmo para escondê-la. Como me dizia a amiga fotógrafa, até se adiantam na senha do não compromisso, na frase que estabelece o casual do encontro. Depois, me dizia ela, cuidam de não telefonar no dia seguinte, nem no outro. Mesmo que estejam pensando nele o tempo inteiro, refreiam sua vontade, contam quatro dias, e aí se permitem telefonar para perguntar com voz bem desinteressada como ele vai, e dizer que por acaso se lembraram dele.

Essa atitude forjada pode realmente deixar os homens mais à vontade, espicaçar seu desejo (um deles me disse que se a mulher não demonstra interesse ele se sente logo estimulado para conquistá-la: “Que mulher é essa, que não quer um homem bacana como eu?”), mas não diminui a carência. Me parece até que deveria aumentá-la, pois à rejeição do homem soma-se a rejeição aos próprios sentimentos. Além disso, fingindo um desinteresse que não sentem – só para agradar aos homens –, voltam a uma atitude manipuladora da qual estão tentando se livrar. "Mas", me disse a fotógrafa, "é o jeito que a gente tem de evitar humilhações." E é verdade.

Carência os homens também têm, tão grande quanto a nossa. A diferença é que eles estão mais preparados para combatê-la em outras áreas. Jogam sua carência no trabalho usando-a como força motriz para avançar, conseguem diluí-la em esportes, hobbies, e em grande parte no próprio exercício sexual. Eles não tentam, como nós, resolvê-la toda através de um único objeto de amor. Os homens *não centralizam.*

Não centralizar pode ser também uma solução para as mulheres. Uma solução para a qual, lentamente, se encaminham. Tirar os homens do centro de suas vidas e colocar no centro a vida em si. Não viver *a vida através dos homens*, mas inverter as posições e *viver os homens através da vida*. O trabalho, os interesses, os filhos quando há, têm força para operar essa inversão.

Os homens sofrem com esse desencontro. Sentem-se perseguidos e caluniados. Eles sabem que não são levianos, obedecem a motivações profundas. As mulheres sofrem com esse desencontro, se sentem usadas e rejeitadas. Elas sabem que não são harpias casamenteiras, obedecem a motivações profundas.

E tanto os homens quanto as mulheres sabem que se querem, que se precisam, e que vão ter que descobrir um acordo. Mas enquanto esse acordo não chega e continuamos suspirosos nos perseguindo ao redor da cama, podemos tentar arrastá-lo para o território da naturalidade, sem nos esforçar demais para agradar ao outro, sem exigir demais que o outro nos agrade.

Perigoso, mas tão atraente

"... Meu namorado
é um sujeito ocupado,
não manda notícias,
nem dá um sinal.
Eu ando meio com medo
que um dia ainda ache a tristeza normal..."
"Recado", Renato Teixeira

Nunca entrei num amor perigoso sem saber o que estava fazendo. E saber o que estava fazendo nunca impediu que entrasse num amor perigoso. A boca do lobo ali escancarada, os amigos avisando, tentando me reter, e lá ia eu atirar-me entre as mandíbulas. Como uma santa, tinha ouvido o chamado irresistível. Que às vezes provinha mais de mim mesma do que do apelo etéreo do amor, demorei bastante a descobrir.

Sou uma exceção? Absolutamente. Todos os kamikazes do amor partem sabendo o que os espera. Vão em missão. A dura missão de demonstrar que a força do seu querer é maior do que qualquer obstáculo. E mais: certificar-se, ao conquistar definitivamente o querer daquela pessoa tão difícil, de que são eles próprios objetos de amor mais valiosos do que todos os que os antecederam.

Os kamikazes *não partem dispostos a aceitar o outro* como ele é, a tentar conviver com aqueles problemas que o tornam tão improvável como parceiro. Partem com espírito missionário *para recuperar o amado*, livrá-lo de seus erros e reconduzi-lo, limpo e salvo, ao santuário do amor.

Aparentemente trata-se apenas de paixão, à luz da qual aquela pessoa nos parece fundamental e insubstituível, única capaz de fazer-nos felizes. Por conta dessa paixão, temos a certeza absoluta de estar vendo nela qualidades inigualáveis que os outros ignoram, e diante das quais os defeitos se tornam secundários. Temos certeza de que só nós vemos, porque só a percuciência do nosso sentimento penetra no verdadeiro âmago do ser amado, fotografando seu eu oculto. Esse mergulho visual faz com que nos consideremos *eleitos*.

E tendo sido escolhidos por esse amor, começamos a lutar para concretizá-lo.

Mas é uma luta estranha, que progressivamente nos coloca *sob o domínio do outro*. Porque ele é mais difícil, cabe a nós ter paciência. Porque ele é mais complicado, cabe a nós ser compreensivos. Porque ele é mais irregular, cabe a nós estar à disposição. *A vida se transforma numa longa espera*. Esperamos que ele melhore. Esperamos que nos queira. Esperamos que descubra afinal como somos maravilhosos. Esperamos que apareça, que telefone, que dê notícias. Esperamos pelos seus lindos surtos de paixão.

Sim, porque uma das características do amor difícil é a sua absoluta irregularidade. Se o amado fosse sempre uma peste, sempre bêbado, sempre agressivo ou sempre rejeitador, cedo nos cansaríamos. Mas ele alterna, joga, vai e vem, mantendo-nos sempre alertas, com o coração na mão. E jogando-nos de lá para cá, entre o seu querer e o seu negar, vai aos poucos *aplastrando nossa vontade*, deixando-nos quase à deriva, num ritmo que não é o nosso.

Tentamos ser lógicos. Dizemos a nós mesmos que se ele nos quis é porque nos amava. E se nos amava e nós temos feito tudo direito, temos nos esforçado tanto para agradar, deveria nos amar cada vez mais. E então, vendo que não nos ama como esperávamos, redobramos os cuidados, querendo por força ignorar que amor e lógica não andam juntos.

Tentamos reagir. Dizemos a nós mesmos que ele nos trata assim porque sente que nos tem na mão, porque estamos sempre à disposição. Então resolvemos dar-lhe um gelo. Não telefonamos, não estamos onde ele possa nos encontrar, sumimos. Mas ao cabo de vários dias de sofrimento, em que ele não deu sinal de vida, acabamos por procurá-lo, e mais infelizes ainda ficamos ao perceber que aqueles dias para nós tão dolorosos não significaram nada para ele, que quase não se deu conta da nossa ausência.

Sofremos porque ficamos. E não conseguimos sair. O que têm esses amores que os torna tão atraentes?

Abre a porta para um, e o outro entra

"Andei te procurando, você precisa me ajudar." A voz dela ao telefone era de urgência e excitação. "Pintou um sujeito na minha vida, casado, complicado, um rolo. Você tem que me convencer a não gostar desse cara, a fugir dele."

Por trás dessa conversa aparentemente ajuizada, a amiga estava me comunicando que não adiantava nada eu usar dos melhores argumentos, porque ela tinha descoberto um homem irresistivelmente difícil e já escava embarcada em sua canoa.

O histórico dela incluía um marido bonzinho, certinho e chatérrimo, de quem tinha se desquitado depois de um casamento nada palpitante. Alguns pretendentes igualmente certinhos e viáveis que não tinham despertado nela o menor interesse. Dois ou três mais maluquinhos com quem ela tinha prazerosamente se chamuscado. E finalmente esse.

O amor é uma emoção forte, galvanizante, que, sobretudo no período inicial, deixa o organismo todo alerta, em rotações aceleradas. O medo é uma emoção igualmente forte, de efeitos semelhantes. E há sempre medo mesclado ao amor inicial: medo do encontro, medo da possibilidade de fracasso, medo do compromisso que o acerto acarreta.

Estudiosos americanos fizeram uma experiência em duas pontes sobre o rio Capilano, no estado de Columbia. Uma era estreita, ondulante, muito acima da água. A outra era sólida e larga, de concreto. Na saída da ponte, uma linda mulher interceptava os homens que acabavam de fazer a travessia e, com a desculpa de querer respostas para uma pesquisa, acabava lhes dando seu número de telefone. Dos que telefonaram querendo marcar um encontro, a maioria provinha da ponte estreita. Os cientistas deduziram que, ao sair da ponte com o coração ainda batendo de ansiedade, e vendo uma linda mulher, os homens haviam atribuído a ela e ao súbito desejo por ela a sua palpitação.

Suponhamos agora uma pessoa muito defendida, que não tem facilidade de abertura para o amor. Suponhamos que a moça que me telefonou seja essa pessoa. Um homem tranquilo que se aproxime dela não consegue se introduzir na sua emoção, porque não consegue abri-la. Donde, não sentindo palpitação alguma, ela deduz que não se interessa por esse homem e fecha ainda mais a porta já fechada. Esse não terá mais chance.

Ao contrário, porém, eis que se aproxima um homem casado, complicadíssimo, perigosíssimo. Ela se assusta, o que há nela de racional põe o restante alerta, aumenta as rotações. Imediatamente ela, que não experimenta amor de outra forma, confunde essa emoção com a emoção do amor nascente. Estremece, pega o telefone e chama para dizer que precisa de socorro, quando na verdade quer muito simplesmente me comunicar que afinal está apaixonada, e que isso é muito bom. E a essa altura ela realmente está, porque ocupada com suas palpitações de defesa, e confundindo-as com as do amor, ela abriu, e o amor, coitado, que não esperava outra coisa, entrou.

Dito assim, parece que o amor estava pronto atrás da porta, esperando qualquer abertura. De fato, o desejo e a predisposição de amar existem independentemente de haver ou não objeto. Eles apenas se encaixam no indivíduo que consegue se aproximar mais do núcleo emocional, que consegue liberar esse desejo de amar e torná-lo concreto.

No caso da moça, por exemplo, o fato de ter dificuldade em se apaixonar represava seu desejo de amar, mas não lhe diminuía a intensidade. Pelo contrário, quanto maior o período sem paixão, maior a necessidade de que essa paixão acontecesse e maior a predisposição.

Adiante, ela me telefonaria muitas vezes mais e viria chorar no meu ombro lamentando-se da complicação em que havia se metido. Mas a verdade é que só graças a essa complicação ela pôde se dar o luxo de uma paixão em horário integral.

Entre a falsificação da ordem e a certeza da desordem

Quando ele a conheceu me disse que tinha encontrado uma mulher encantadora, e fiquei contente. Quando soube quem ela era, lá se foi minha alegria. Encantadora sim, mas alcoólatra. Será que ele sabia o rabo de foguete que estava pegando?

Sabia. E o mais curioso é que vinha de uma experiência com uma mulher viciada em drogas e tinha me jurado que nunca mais ia querer sequer pensar em coisa semelhante.

Casou com a encantadora, e foi bastante infeliz por longo tempo. Queria regenerá-la. Era de uma dedicação comovente. Ela melhorava, pensávamos até que fosse parar de beber, ele ia se tranquilizando. E logo, sem qualquer razão aparente (ou farta de razões), ela recomeçava, sumia na noite, aparecia em casa de madrugada arrastando consigo um bando de bêbados. Depois da terceira internação para desintoxicação, ele desistiu. Mas estava tão destruído quanto ela. "Eu a amava tanto", me dizia. "Achei que dava para tirar ela disso. Que valia a pena correr o risco."

Por que a amava tanto?

Desde que o conheço, nunca o vi escolher uma mulher simples. E a complicação não é só na faixa do amor. No cotidiano, no dia a dia que para os outros é plano, ele se mete sempre em situações montanhosas. É daquelas pessoas com quem "tudo acontece".

Não dá para acreditar em acaso. Ele gosta do perigo. Talvez nem bem do perigo, mas das situações em que o imprevisível esteja sempre presente. Ele gosta, sobretudo, de sair da norma. E no entanto, diriam alguns, vem de uma família tão normal! Eu os conheci, pai e mãe seriíssimos, bem-comportadíssimos, estimadíssimos, casal exemplar, daqueles a quem todos respeitam. Só muito depois da morte dele ficamos sabendo que por trás daquela seriedade toda o homem era bem louco, cheio de manias, decidia a vida orientando-se pelos ventos e pelo que lia no formato das nuvens, tinha dilapidado a fortuna e deixado um monte de dívidas.

Se eu tivesse um pai louco que todos consideram normal, é provável que me sentisse muito mal, muito dividida. Certa de que a loucura existe nele, mas sem ter ninguém para confirmá-lo, é provável que me sentisse culpada, pior, que me sentisse louca também. É provável que dali para a frente buscasse situações e pessoas declaradamente fora de esquadro, para evitar divisões e não ser a única testemunha da desordem. É provável, muito provável que, a alguém certinho como meus pais, acabasse preferindo uma alcoólatra encantadora.

O Olimpo corre o risco de acabar num banheiro

Perigosíssimos são também os homens brilhantes, os que todas querem e muitas se concedem, homens de charme que têm sempre em rodízio um jogo completo de namoradas, às vezes coroadas por uma esposa oficial. A estes é difícil resistir porque quando se aproximam, frequentemente portadores de frases como "nunca amei nenhuma de verdade", a mulher se ilude que bastará este amor verdadeiro despontar para que ele estabilize seu rumo. E tem a certeza imediata de que nasceu para essa tarefa.

Susan Strasberg, em sua autobiografia intitulada *Bittersweet*,* nos fornece um bom exemplo, relatando a paixão fulminante que a arremessou para os braços de Richard Burton.

Burton era casado (naquela época ainda com a primeira mulher, Sybil) e tinha dois filhos, apêndices afetivos que não o impediam de deleitar-se com outras damas. Susan sabia disso. E quando se encontraram pela segunda vez, em 1959, para estrelarem uma peça da Broadway, notou que: "Ele usava a voz como uma arma para seduzir as pessoas". Notou, mas não se defendeu. E logo acabou seduzida.

Burton a cumulava de cartas de amor, apelidos carinhosos, presentes, flores, joias. "Parecia", escreveu Susan, "que o carisma de Burton o colocava acima dos homens normais e lhe permitia ditar suas próprias regras de vida." Regras que ela, eleita por esse homem tão especial como a melhor entre todas, acatou imediatamente, embora "dividida entre o sofrimento e o êxtase".

O romance durou um ano e acabou de forma nada edificante para um homem tão acima dos outros mortais: quando Susan foi atrás dele em Londres, em seu camarim, ele abruptamente a escondeu no banheiro para receber Claire Bloom, sua parceira no filme *Look Back in Anger* e seu mais recente romance.

---

* *Doce-amargo.*

"Eu tinha feito dele um deus. Agora precisava perdoá-lo por ser mortal." Com essa bonita frase Susan encerra o caso e nos dá, sem saber, algumas informações.

A primeira é a de um equívoco. Não foi Susan que fez de Burton um deus. Ele se apresentou como tal. Era bem mais velho, já famoso quando se conheceram, um ídolo internacional. Ela tinha apenas 19 anos. E acima de tudo, ele estava determinado a conquistá-la. Usou de todos os recursos teatrais que tão bem conhecia, apresentou-se a ela sob o seu mais belo aspecto. Era um deus estendendo seu olhar e seu desejo sobre a mocinha.

E entra aqui um segundo dado, o da duplicidade dos sentimentos. No caso, Susan favoreceu sua visão de Burton como um deus, porque o fato de ser amada por um deus era altamente gratificante para ela. Tendo sido eleita, tornava-se ela própria celeste e ingressava no Olimpo.

Susan não podia aceitar que estava sendo escolhida apenas para atuar como troféu de caça, para ser mais uma na lista dom-juanesca de Burton. Essa é uma verdade achatadora demais, difícil de admitir. Mais fácil foi divinizá-lo ainda mais, deduzir que ele nunca havia se fixado em mulher alguma porque, sendo tão excelso, não havia encontrado nenhuma à sua altura, e concluir que nela finalmente concretizava-se essa mulher.

Quando o romance não deu certo, Susan escolheu destituir Burton de sua auréola, afirmando que ela o havia coroado e que ela o transformaria novamente em mortal. Um bom artifício, pois quem é que faz e desfaz um deus a não ser um deus maior? Trancada no banheiro, Susan havia se dado conta de que bem outra é a ambientação do Olimpo. Descendo Burton, ela também teria que baixar à terra e reassumir seu precário status de mortal.

O coração sabe muito bem fazer contas

A atração do amor perigoso não está no objeto em si. *Não é ele que atrai, e sim o perigo que representa.* A força impulsionadora está no sujeito, todo ele voltado para a busca do risco.

Isso evidentemente não significa que qualquer objeto perigoso seja igualmente atraente. Ao perigo devem-se somar os elementos costumeiros da atração. Mas é muito provável que se o mesmo indivíduo aparecesse livre de perigo, não despertaria no outro o interesse necessário para levar ao encontro.

Por outro lado, não é dito que se, por exemplo, a moça alcoólatra deixasse de beber, desapareceria o amor do meu amigo por ela. Pode até ser; mas o risco funciona sobretudo como disparador do mecanismo amoroso. A longo prazo é excessivamente desgastante e costuma levar à ruptura. Mesmo porque, como já vimos, através da conquista da pessoa "inconquistável" queremos demonstrar o nosso próprio valor. Ora, se essa conquista não se realiza ou não se completa, e chega um ponto em que não nos é mais possível acreditar que isso venha a acontecer, a luta e a persistência perdem a razão de ser. O amor que devia nos enaltecer está nos derrubando, e é hora de partir.

Se, entretanto, o apaixonado continuar no seu intento – e inúmeros casos existem de pessoas que não desistem jamais –, podemos ter certeza de que a situação não lhe é tão dolorosa quanto parece e quanto ele próprio acredita ser. De alguma maneira, ele está se satisfazendo com a relação.

Ninguém fica numa relação a não ser que ela preencha, e em boa medida, os seus desejos. Essa é a única razão que nos prende a outra pessoa. Nosso coração é bem mais mercantilista do que parece. Por pior e mais conflitado que seja um amor, só o mantemos vivo se nos dá lucro. "O amor", dizia Benjamin Constant, "é o mais egoísta de todos os sentimentos." O equívoco está em procurar esse lucro apenas nos prazeres mais evidentes.

É justamente a antevisão desse lucro que nos empurra para o amor perigoso. Aliás, ele só se evidencia como realmente perigoso a partir do momento em que a centelha da atração já aconteceu. As pessoas que nos deixam indiferentes não nos parecem perigosas, por mais loucas, alcoólatras ou delirantes que sejam. O perigo está somente naquelas que nos atraem irresistivelmente, mas com poucas possibilidades de dar certo.

O amor perigoso pode até ser uma boa oportunidade para revermos nossos conceitos de amor. Susan Strasberg incluiu seu romance com Burton na autobiografia porque, obviamente, foi um dos grandes amores da sua vida. Apesar do sofrimento, não creio que preferisse não o ter vivido. Acho, aliás, que bem poucas pessoas escolheriam "apagar" os romances tormentosos que atravessaram. Isso porque existem amores importantes de serem vividos que simplesmente não nasceram para dar certo. Mas que podem nos preparar para outros mais felizes.

O ciúme de todos nós

"Ser incapaz de partilhar
é uma trágica característica comum a
todas as pessoas."
Wilhelm Stekel

"O ciúme tem qualquer coisa de burlesco", disse André Malraux numa entrevista. "Não seja patética", me disse uma vez um homem enquanto eu soluçava de ciúme sobre um prato de batatas fritas. Burlesco? Patético? Ninguém diz isso do amor. Ninguém diz isso do ódio. Então por que dizê-lo do ciúme, que é tão presente e tão intenso quanto os outros dois?

Porque o ciúme é um sentimento atravessado na nossa garganta. Que nos humilha. Que nos esmaga. Que preferiríamos não ter.

"Quando ele se atrasa para o jantar e eu sei que ou está tendo um caso, ou está estirado morto na rua, sempre espero que esteja morto." Melhor morto do que com outra. Assim era o ciúme de Judith Viorst, poetisa americana da década de 30. E, no entanto, ao dizer isso ela o amava – pois se não o amasse não teria ciúme. Mas é justamente a força do amor que, frente à possibilidade de que sua parte no latifúndio amoroso esteja sendo desviada para outra, a coloca na encruzilhada: ou deseja a morte dele - matando-o na imaginação - ou se resigna à sua própria.

Não se trata de mortes reais. Ela não vai morrer se o seu homem a trair. Mas no momento em que tiver certeza da traição, morrerá - ainda que temporariamente - aquele ser confiante, bonito, rico e fértil em que havia se transformado por obra da felicidade amorosa. E isso ela quer impedir a todo custo.

O ciúme faz de nós pessoas piores. Não confiar no amor da pessoa amada equivale a não confiar em nosso valor como objetos de amor. Se ele pode amar outra pessoa, é sinal inequívoco de que pode não nos amar, e de que nossas qualidades - que até então achávamos suficientemente abundantes para mantê-lo encantado junto a nós - são na verdade insuficientes.

Se o amado me ama, me olho no espelho e me acho bonita. Se ele ama outra, procuro no rosto dela a beleza que o seduziu e que subitamente me dá uma nova visão daquele que acredito ser o desejo dele. E não sendo o rosto dela igual ao meu, como forçosamente não é, o meu próprio rosto no espelho me parece mais feio do que antes, não por achar o dela mais bonito, mas porque a partir desse momento *não mais abriga o desejo do meu amado.*

Assim, o sofrimento que emana do ciúme, em vez de ser apenas o resultado de um desejo de posse frustrado, é causado pela terrível sensação de sermos *despossuídos.* Em pleno transe amoroso, um balde de água fria é jogado sobre nós, chamando-nos à realidade. Já não somos habitados pelos deuses, já não somos por eles considerados moradia digna. Em poucos segundos nosso próprio valor parece nos abandonar. Tudo o que tínhamos, e de que nos orgulhávamos, é posto em questão.

Esse sentimento de "desvalor" não só acompanha como frequentemente antecede e provoca o ciúme. Estudos realizados pelos psicólogos Elliot Aronson, da Universidade da Califórnia em Santa Cruz, e Ayala Pines, da Universidade de Berkeley, para elaboração de um *Sexual jealousy inventory,** demonstraram que as pessoas inseguras são muito mais sujeitas ao ciúme do que as outras. As respostas de mais de

---

* *Inventário do ciúme sexual.*

100 pessoas entre 20 e 50 anos permitiram traçar o perfil do ciumento vocacional como sendo um indivíduo que tem pouca confiança em si mesmo e não acredita na sua capacidade de manter um amor. A baixa autoestima o leva não só a acreditar que a pessoa amada possa vir a traí-lo, como a esperar constantemente por isso.

Se o inseguro acha que qualquer pessoa pode tomar o seu lugar, o superseguro parece nem se preocupar com essa possibilidade. Afinal, sendo ele tão excelente, por que haveria de ser trocado por outro? E como encontrar outro que o iguale? Muitas vezes, esse processo de autovalorização atua como fachada e suporte para pessoas inseguras que simplesmente não admitem a sua insegurança. Confrontadas afinal com uma traição, elas se defendem declassando o outro, em vez de declassar a si próprias. Tentam se convencer – sem que seja necessário grande esforço – de que uma pessoa que lhes prefere outra o faz porque não estava mesmo à sua altura. E se surpreendem, ao achar invariavelmente que o novo amor do seu amado é pior do que eles, de terem podido querer alguém tão pouco merecedor.

Desmerecido o objeto, o ciúme fica mais fácil de carregar. As uvas, antes tão saborosas, tornam-se verdes, e já não há por que querê-las.

É um sentimento que não vende produtos

Houve momentos em que o ciúme foi considerado bem mais elegante do que hoje. Testemunha disso é Swann, o elegantíssimo personagem de Proust que, em *No caminho de Swann*, se mói de ciúme de sua amada, a nada nobre Odette de Crécy. Swann não se sente humilhado por rondar à noite debaixo da janela daquela que ainda há pouco deixou adormecida no leito e que já suspeita o esteja traindo. E mesmo quando, por instantes, tem a absoluta certeza de que atrás das venezianas iluminadas Odette se deleita com outro homem, não diminui seu amor por ela. Ao contrário, ainda mais a ama, por ter penetrado em um lado de sua vida que desconhecia, aproximando-se mais dela.

De elegante que era, o ciúme transformou-se progressivamente em *sentimento pária*. Hoje é considerado no mínimo inconveniente, coisa de "pessoas mal-resolvidas". Ter ciúme equivale a ser possessivo, castrador, um verdadeiro imperialista do amor. Equivale, temível palavra, a ser reacionário.

Como foi que chegamos a esse ponto? Arrisco um raciocínio lógico: quando jogamos – ou tentamos jogar – fora alguma coisa, é porque essa coisa não nos interessa. E por que o ciúme não nos interessa? Porque, ao contrário dos outros, *é um sentimento que não leva a nada, um sentimento improdutivo.*

Quando amamos, entramos em plena fase de crescimento. Nossa criatividade aumenta, nosso prazer gera mais e mais desejo de prazer. Produzimos a pleno vapor, avançamos em nossos projetos. E consumimos com igual ímpeto. Apaixonados, queremos cobrir o amado de presentes – não foi para isso que se inventou o dia dos namorados? E queremos nos embelezar, vamos à sauna e à ginástica, compramos roupas, cosméticos, enfeites, implementos. Apaixonados, queremos ir ao circo, à boate, ao restaurante, ao cinema.

A raiva também produz e consome. Porque estamos com ódio queremos nos compensar, nos ressarcir ou nos vingar, queremos brilhar intensamente. Grandes raivas podem gerar grandes feitos, grandes líderes, grandes guerras. E podem fazer consumir grandes iates, grandes armamentos, grandes carros, grandes fortunas. O ódio é uma mola propulsora. E, como tal, interessa a uma sociedade toda voltada para o consumo.

Mas o ciúme, coitado, é um sentimento que não nos impulsiona a nada. Pelo contrário, nos paralisa. Vejamos a esse respeito três depoimentos de três mulheres famosas, entrevistadas pela escritora francesa Madeleine Chapsal para seu livro *La jalousie*.*

Diz Jeanne Moreau: "O ciúme me põe fisicamente doente. É uma sensação atroz. Meu corpo começa a tremer, tenho a impressão de que vou desmaiar e só quero morrer. Para sarar, me embolo na cama". E a estilista Sonia Rykiel: "Se o homem que eu amo é atraído por outra mulher, se eu tenho a impressão de que ele vai querer ter alguma coisa com ela, tenho vontade de morrer. Não consigo mais existir, grito no silêncio". E a diretora de cinema Nadine Trintignant: "Quando descubro que o homem por quem estou apaixonada se interessa por outra

* *O ciúme.*

pessoa, subitamente deixo de existir. É uma angústia terrível. Só tenho um desejo: ficar metida na cama".

Os três depoimentos nos transmitem uma reação idêntica: *a interrupção do desejo de viver*, a suspensão de qualquer movimento. Paralisadas, trêmulas, não produzem nada, não consomem nada, querem apenas se esconder no fundo da cama. (Reparo que são três vozes femininas, e falarei adiante das diferenças de ciúme entre homens e mulheres.)

Podemos dizer que o ciúme é um *sentimento regressivo*. Através dele paramos de crescer, retrocedemos rapidamente e vamos nos encolher no escuro abrigo das cobertas, como um feto de volta à proteção uterina.

Repetimos certamente nossas primeiras experiências de desamparo quando, bebês, dependíamos da mãe para sobreviver e crescer. Captar o interesse dela voltando-se para outra pessoa equivalia então a uma séria ameaça de morte. E diante do seu não querer só havia um desejo possível: voltar à segura beatitude do útero.

Numa dor só, sofremos várias vezes

Afiveladas lado a lado nos assentos da ponte aérea, Betty Faria e eu conversamos sobre ciúme. Falamos justamente de sua interdição, de como, na grande busca das liberdades individuais, foi sendo transformado em inimigo público número um. E de como nós todos fizemos esforços hercúleos para erradicá-lo do nosso cardápio emocional.

Durante algum tempo ela até pensou que tivesse conseguido. Namorava, tinha casos, e nada de ciúme. Sentia-se uma vitoriosa. Até que começou a namorar um homem mais envolvente que os outros. "Aí, no que começou uma relação profunda, pintou o ciúme." Me diz isso com veemência, quase perplexa, dividida entre o prazer de ter encontrado um amor mais importante e o desagrado de ter que vivê-lo com um ciúme do qual esperava já ter se livrado. "Basta eu estar numa festa e ver uma mulher se engraçando demais para o lado dele, e pronto! Lá vem o fiscal pintando dentro de mim! E o pior é que eu não gosto nada desse papel. Mas como é que a gente faz? A gente vê o cara da gente flertando com outra, sente aquele calor subindo no rosto, aquela aflição... e não tem como controlar, o fiscal tá aí mesmo."

Não conheço ninguém que, envolvido numa relação intensa de amor, não tenha ciúme do amado. E não conheço ninguém que, ao ter ciúme, não sofra duplamente: pelo sentimento em si e pela vergonha de tê-lo. Roland Barthes vai mais além: "Como ciumento, sofro quatro vezes: porque sou ciumento, porque me recrimino por sê-lo, porque temo que meu ciúme fira o outro, porque me deixo dominar por uma banalidade: sofro por ser excluído, por ser agressivo, por ser louco e por ser comum".

Se de repente meu ciúme é despertado, sofro porque ele faz de mim um ser transverso. Já não posso dizer tudo o que penso para não transformar a vida do amado em um inferno. Não posso externar minhas dúvidas. Sou obrigada a renunciar, em silêncio, à retidão da confiança. Tenho um súbito olhar de soslaio, um ar vigilante que escondo atrás da gola levantada da capa, da aba desabada do chapéu. De uma hora para outra abrigo em mim alma de espião. Um espião que, sendo eu mesma, me é inimigo.

Não abro as cartas no vapor da chaleira, mas penso que deveria fazê-lo. Não sigo os passos do amado, mas em minhas fantasias estou sempre ao seu lado. Não vasculho, não procuro, não fuço. Mas tenho vontade de fazer isso tudo, e me desprezo por ter essa vontade. E mais ainda me desprezarei se meus ciúmes se revelarem justificados, e eu, não tendo feito nada de concreto para impedir a traição, me considerar culpada por omissão, por suprema covardia, por não ter assumido os baixos ímpetos que o ciúme ditava em mim.

E no entanto, sabemos todos que não há nada de vergonhoso no ciúme. Já o disse Freud: "Assim como o luto, o ciúme pertence a estados afetivos que podemos qualificar como normais. Quando parece faltar no caráter e no comportamento de alguém, temos o direito de concluir que sucumbiu a recalques poderosos, e por isso desempenha na vida psíquica inconsciente um papel ainda maior".

Que papéis terá desempenhado nosso ciúme naqueles anos todos em que "modernamente" o recalcávamos?

O deles é uma coisa, o delas é outra

"O ciúme é o que faz de nós um ser social", disse a psicanalista francesa Françoise Dolto. Mas a sociedade é ingrata, não reconhece seus méritos e ainda o atrela a seus próprios preconceitos. Basta ver as diferenças que impõe ao ciúme dos homens e ao das mulheres.

O ciúme masculino nunca é visto como ridículo, mas sim como essencialmente dramático. Pois ao ter ciúmes, um homem está defendendo um direito sagrado de posse, não apenas do corpo alheio, mas de sua própria honra que naquele corpo habita. Haja vista a parcimônia dos castigos legais aos quais os maridos assassinos – sempre por ciúmes, evidentemente – são submetidos.

Já o ciúme feminino é considerado basicamente risível. A mulher não está defendendo um sagrado direito de fidelidade. Mas sofre porque, sendo fraca de sensualidade e de inteligência, não consegue entender o direito dele ao exercício da livre sensualidade que seu erotismo exuberante lhe impõe.

Basta olharmos as piadas. De um lado a mulher, sempre caracterizada como a megera que, de rolinhos na cabeça e rolo de pastel na mão, aguarda o infeliz retardatário; ou a igualmente megera que vasculha os bolsos do homem que inocentemente dorme. Do outro, a ausência. Não há piadas de maridos ciumentos. Ou, se há, são raríssimas. O ciúme masculino não é considerado engraçado. O que existe são piadas de marido traído, a clássica cena dele voltando e do amante escondido debaixo da cama ou dentro do armário. A essa se permite ser engraçada, porque não é a visão de *um homem humilhado em seus ciúmes* diante da mulher que talvez o esteja traindo; é a visão de *um duelo entre machos, no qual um deles saiu vencedor*. Pode-se rir daquele que perdeu, porque o conceito de poderio masculino está salvo por aquele que lhe ocupou o leito.

À parte isso, a diferenciação dos papéis sociais impõe diferenças entre o ciúme masculino e o feminino. Basicamente, o ciúme masculino concentra-se mais no físico, na exclusividade da posse do corpo. Já as mulheres costumam ter mais ciúme da mente do que do corpo do amado.

Nada mais natural. Antigamente só o homem tinha direito ao ciúme, porque só ele possuía (a mulher era apenas o objeto possuído). E se o seu ciúme se concentrava no corpo da mulher, era em primeiro lugar porque esse corpo o reproduzia sem controle, e ao homem cabia vigiar para que sua descendência fosse realmente sua. E em segundo lugar porque, a bem da verdade, a mente feminina, o seu universo psíquico, não tinham para o homem o menor valor. O que ela pensava inexistia, porque ela não era considerada um ser pensante. (Ainda em 1874 o dr. Edward Clarke, especialista em educação, dizia que quando o cérebro das mulheres era forçado a trabalhar no processo de aprendizagem, gastava o sangue necessário à menstruação, gerando problemas de saúde, como anemia e distúrbios nervosos.)

Já a mulher, que devido à constante reprodução se via obrigada a negar ao marido seus favores eróticos, era igualmente obrigada a aceitar que ele frequentasse outras mulheres, profissionais do ramo. A divisão santa/prostituta vigorava em plena aceitação social. E, nesse quadro, ter ciúmes do corpo ou até da mente era virtualmente impossível.

Ficou-nos, como uma espécie de legado do qual estamos tentando nos desfazer, uma certa condescendência em relação ao corpo do amado. A maioria das mulheres tolera, sem se dilacerar, que o seu homem tenha um rápido encontro eventual. Mas todas elas são capazes de sofrer seriamente se detectarem apenas um pensamento amoroso mais intenso em direção a outra mulher.

Talvez possamos ver outra diferença. Parece-me que a sensação de aniquilamento total, o desejo de morte é mais frequente entre as mulheres, enquanto a reação violenta, conduzindo à agressão do outro ou do próprio objeto de amor, é mais comum entre os homens. E faz sentido. As mulheres, estruturadas desde cedo para a dependência, se sentiriam mais desarticuladas diante da ameaça de abandono. E os homens, treinados para o ataque, avançariam tentando recuperar sua posse. Isso, evidentemente, não impede que homens se encolham no fundo da cama e que mulheres dilacerem com as unhas o rosto da rival ou do amado.

Muda o ciúme, mudam os ciumentos

Até aqui falamos de ciúme em tom genérico, mas convém dizer que não é tão genérico assim. Não se tem ciúme na Sicília como se tem na

Suécia; pois embora ele seja, junto com o amor e o ódio, um dos nossos primeiros sentimentos, desenvolve-se embolado com fatores sociais que acabam fazendo dele produtos diferentes.

E mais diferente fica à luz das individualidades. É um sentimento normal e socializante, como o viam Freud e Dolto, enquanto se mantém dentro de uma dosagem razoável. Mas pode tornar-se absolutamente anormal e antissocial quando galopa desenfreado em plena fúria. "Não existe no mundo criatura mais adorável", diz o Otelo na peça de Shakespeare, já com as mãos ao redor do pescoço de Desdêmona. E prossegue, estrangulando a pobrezinha: "Que apodreça, que desapareça, que encontre a danação a partir dessa noite".

O sucesso da peça nos leva a crer que as pessoas se identificam com o ciúme violento mais do que a gente pensa. Não se trata apenas do talento do bardo. A história, que ele próprio tinha tirado de um conto de Giovan Battista Giraldi Cinzio, exerce evidentemente um fascínio especial, pois foi depois retomada por Voltaire, em *Zaire*; por Rossini, na ópera *Otelo, ou o mouro de Veneza*; por Verdi, na ópera *Otelo*; por Joseph Raff e Wilhelm Rosenberg, que compuseram música de cena para a tragédia shakespeariana; por Dvorak, que compôs uma abertura; e pelo pintor Delacroix, em seu famoso quadro *Otelo e Desdêmona*. (Mas não posso evitar o pensamento de que esses autores são todos homens, e de que as mulheres, sobretudo as de hoje, gostam bem menos dessa história em que uma delas acaba assassinada.)

Tinha Desdêmona feito alguma coisa que justificasse a fúria de Otelo? Nenhuma. Essa é uma das principais características do ciúme. Ele *não precisa de justificativas*. Pode nascer do nada, com a mesma intensidade com que nasce de uma evidência. O marido que descobre uma carta de sua mulher a outro homem não sofre mais do que aquele que, a partir de um olhar, ou de um jeito, que às vezes nem existiram mas ele acreditou ter visto, constrói toda a sua teia de desconfianças. Pelo contrário; o que não tem provas é capaz de sofrer ainda mais, porque se por um lado tem certeza de que sua sensibilidade de amante não o engana, e a amada realmente o está traindo, por outro hesita, desejando estar enganado, e pergunta a si mesmo se suas suspeitas não seriam infundadas, fruto da imaginação e de um amor excessivo.

O ciumento com provas sofre somente o ciúme. Mas aquele que não as tem *sofre o ciúme e a divisão.*

É o caso de Bentinho, personagem de Machado de Assis em *Dom Casmurro*. Que evidência tem ele da infidelidade de Capitu? Nenhuma. Mas basta o olhar dela, no qual ele acredita captar um jeito "dissimulado", para garantir-lhe, sem entretanto dar-lhe garantia nenhuma, que ela o trai com seu melhor amigo. E aquele mesmo olhar que antes o havia seduzido torna-se a evidência (inexistente) da falsidade, envenenando para sempre o seu amor.

É para fugir da divisão que, incerto mas já corroído pelo sofrimento, o ciumento faz perguntas, persegue, luta para descobrir a verdade, para se certificar. Os amigos aconselham: "Pra que é que você quer saber? Só vai te fazer infeliz. Esquece, deixa pra lá". Não sabem que o coitado já está pra lá de infeliz. E esquecem que o ciúme é pior do que fenda no dique, pois na fenda podemos botar o dedo para conter a inundação, como fez o menino da lenda; mas quando botamos o dedo na fenda do ciúme é para escarafunchar, abri-la ainda mais, e deixar que o fluxo engrosse, exploda, e nos leve de roldão.

Além do bom senso, só um outro elemento pode parar as investigações do ciumento: *o medo de ter que tomar atitudes que o façam perder definitivamente o amado*. De fato, se ele não tem provas, e se atém apenas a suas elucubrações mentais, pode sempre convencer-se de que tudo não passa de delírio e o outro é "inocente". Essa convicção, ou semiconvicção, lhe permitirá deixar as coisas como estão, confiando em que a força do amor que dedica ao outro será suficiente para restabelecer o equilíbrio ameaçado.

Mas se depois de tanto cavar e procurar acabar encontrando a prova irrefutável da traição, não haverá mais como enganar-se. Será obrigado a enfrentar a realidade e a confrontar o outro. O resultado desse confronto, em que forçosamente um dos dois se verá espremido contra a parede, pode ser o fim da relação. E ao ciumento, que procurando a prova provocou o confronto, ficará a culpa por ter precipitado as coisas, misturada ao alívio pelo fim da divisão, que se traduz na eterna exclamação: "Eu sabia!".

Se de um lado a certeza nos livra de um tormento – a divisão –, pelo outro nos acrescenta um tormento maior – as imagens. Sofrer achando que nosso amado ama outra pessoa é terrível; mas é bem menos terrível quando a outra é apenas uma suspeita sem rosto, sem definições, quando nada sabemos de concreto sobre a possível relação, e tudo fica envolto numa nuvem de incertezas. A partir do momento em que sabemos, a nuvem se desfaz e a dúvida ganha identidade. Conhecemos o nome dela, o rosto. Pessoas – quando não o próprio amado – se encarregam de nos dar detalhes, e mais detalhes aparecem, agora evidentíssimos, aqui e acolá. A relação se concretiza aos nossos olhos, já não conseguimos mais pensar em abstrato. O ciúme faz o roteiro e nos obriga a assistir ao filme em que o nosso amado ama outro alguém. E sofremos diante daquelas imagens que se renovam, sem que possamos parar a projeção da qual somos operadores.

Se não tenho imagem, não tenho alvo. A raiva que sobe em mim hesita e se represa. Nem posso derramá-la inteira sobre o amado, para não o destruir. Ele é o objeto do meu amor, um objeto que apesar do ciúme – e às vezes até mais por causa do ciúme – quero conservar. Então seguro a raiva e me sufoco. Mas se de repente a rival se corporifica, eis que já tenho contra quem me voltar. Então meu ódio se concentra nela com uma intensidade equivalente ao amor que sua presença põe em risco. Como o feiticeiro que espeta alfinetes no boneco, dardejo sobre ela meus pensamentos destrutivos. Mas embora aliviando através dessas fantasias assassinas o ódio que ameaçaria o meu amor, ainda assim sofro por tê-lo, por conceder demais a uma pessoa a quem desprezo e que preferiria não ocupasse minhas emoções.

Estranha condição do ser humano, em que um sentimento que nos causa tantos problemas é ainda assim necessário. Precisamos do ciúme – aquele ciúme mais razoável que está longe de nos transformar em Otelos – como um alarme de defesa, como a reação da pele perto do fogo. Avisados pelo ciúme, começamos a nos preparar para a possibilidade da perda. Reavaliamos o amado, reavaliamos nosso próprio sentimento para com ele, e aos poucos elaboramos o choque da rejeição. Do resultado desse inventário, podemos conseguir forças para lutar pela reconquista, ou conseguir a resistência necessária para suportar a separação.

E o ciúme nos é útil também na direção contrária, como termômetro do amor do outro. Se o meu amado não costuma ter ciúmes de mim, fico contente, porque sei que ele me ama e confia em meu amor por ele. Mas se o meu amado *nunca* tem ciúme de mim, fico alarmada porque penso que ele não me preza e que pouco se importa se outro vier ocupar seu lugar.

Da mesma forma, o ciúme nos alerta sobre a qualidade da relação. Se é eventual, leve, passageiro, sabemos que a relação vai bem e que as pequenas dúvidas são somente confirmação de um desejo recíproco de continuidade do amor. Mas se é constante, intenso, agressivo, não podemos duvidar de que a relação vai mal e o desequilíbrio a ameaça seriamente.

Para desapertar onde mais dói

Porque ele fere e nos aperta, porque nos envergonha e envenena, queremos a todo custo nos livrar dele, não eliminando as causas, que isso é quase impossível, mas mudando nossas reações. No seu livro *Jealousy**, o médico americano Eugène Schoenfeld elabora um decálogo capaz de ajudar nessa "cura".

1. Reconhecer que estamos com ciúmes, em vez de negá-lo. Os sentimentos recalcados (como já vimos) podem atuar por baixo do pano com violência redobrada.
2. Fugir. Sair de férias. Evitar a visão de lugares e coisas que nos lembram o sofrimento.
3. Dormir. O cansaço aumenta o ciúme e a angústia.
4. Falar com um amigo. De preferência, que seja alheio ao caso.
5. Escrever uma carta. Pode ser para um amigo, ou para si mesmo. O que conta é botar os sentimentos por escrito, para poder entendê-los melhor.
6. Relaxar e meditar. Um bom relaxamento, completo, relaxa tanto o espírito quanto os músculos. E tendo afastado problemas colaterais, podemos nos concentrar no ciúme em si, que se torna menos angustiante na medida em que o analisamos e o observamos de perto.

---

* *Ciúme.*

7. Dedicar-se a uma atividade envolvente, seja esporte ou dança, seja escrever um livro ou militar num partido político.
8. Tornar-se filósofo. Nada como a leitura de Confúcio, Lao Tze, Nietzsche ou Montaigne para nos dar a medida da pequenez de nossas emoções e de nós mesmos.
9. Decidir achar graça nisso tudo. Se você conseguir rir do seu rival, do seu amado e de você mesmo, estará salvo.
10. Modestamente, no último item, o dr. Schoenfeld sugere que se leia o seu livro.

Escrever um livro foi o que fez a francesa Madeleine Chapsal (de quem já falamos). Achar graça disso tudo certamente é o que faz Woody Allen. E dedicar-se a uma atividade envolvente é a solução de Niki Lauda. Ou seja, apesar do fascínio dos americanos por listas e deveres de casa comportamentais, um decálogo desses não é, como os dez mandamentos, para ser cumprido inteiro. Dificilmente alguém conseguiria ao mesmo tempo sair de férias, escrever um romance e cartas, relaxar, meditar, ler filósofos e Schoenfeld e rolar de rir. Não é um método, como quer o seu criador. É o levantamento daquelas soluções que cada um descobre para si na hora da crise, e que através dos séculos têm nos ajudado a conviver com esse sentimento que, embora doloroso, nasceu conosco.

No descompasso da infidelidade

Remexendo nos guardados do cofre, minha avó pegou um relógio e me deu, dizendo: "Foi teu avô que me trouxe quando voltou da Suíça, para se fazer desculpar por ter ido antes à casa da amante". Guardei o relógio e a mágoa da frase.

Depois fui ser jovem na década de 50 e esbarrei com os amores *necessários* e os amores *contingentes* de Jean-Paul Sartre e Simone de Beauvoir. Que beleza de teoria! Que confusão na prática!

Hoje, adulta, confesso que ainda não resolvi esse problema. Nem eu, nem ninguém. Ou, pelo menos, nem eu nem a maioria. E tem solução?

Se amo, quero que o outro me ame. E que ame só a mim. E que não me esconda nada. Mas porque amo, quero que o outro não se sinta preso, faça o que quiser, seja feliz. E também porque amo, reconheço ao outro o direito de me dizer somente o que quiser me dizer e de ter seus segredos. Mas aquilo que penso e aquilo que sinto não conseguem chegar a um acordo. E se ele amar outra, se estiver na cama com outra, se partilhar com outra a cumplicidade do seu segredo comum, eu sofro, sofro, sofro.

Bonito aquilo de o Sartre ter um amor *necessário* – a Simone –, do qual não abria mão e com o qual tinha um compromisso, mas que não o impedia de ter quantos amores *contingentes* quisesse. O amor *necessário* é para a vida, os amores *contingentes* são casualidades. Em teoria, o mesmo era válido para ambos. Mas sabemos que na prática Sartre contingenciou muito mais do que Simone, e que se ela teve um ou dois amores contingentes foi mais para não deixar cair a peteca da teoria sobre a qual a relação necessaríssima dos dois estava baseada. A falta de interesse de Simone por suas eventuais contingências fica clara nas entrevistas e escritos autobiográficos. Podemos até dizer que ela amava outros para não perder Sartre e para não se perder. Pois Sartre havia imposto a teoria como condição *sine qua non* no início da relação, e ao aceitá-lo ela aceitou também a teoria, obrigando-se, por honestidade intelectual, a pô-la em prática.

Este é um dos problemas da infidelidade: *a necessidade de ter outras relações não costuma ser igual para os dois.* Há sempre um que trai e outro que não trai, ou um que só passa a trair depois que é traído, ou um que trai muito e outro que trai pouco. Pois há sempre um que está mais satisfeito do que o outro na relação. Um que ama mais. Ou um que por fantasias, eroticidade, neuroses, fase oral ou fase anal bem ou mal resolvidas, Édipo galopante ou adormecido, necessidade de afirmação ou quantas outras mais motivações quisermos desencavar, há sempre um, dizia eu, que sente mais premente o desejo de ir à caça. E, consequentemente, há sempre outro que se sente *degradado*, no verdadeiro sentido da palavra, ou seja, diminuído de grau, passando de amor único e plenamente satisfatório para amor complementar, ou complementado, leia-se: insatisfatório.

E este é outro problema da infidelidade: *o desejo absurdo e constante de preencher completamente as necessidades afetivas e eróticas da pessoa que amamos.* Se eu amo, e ele "é tudo para mim", a medida do meu amor está nessa totalidade. Pelo que, se ele me trair, serei forçada a deduzir que não sou tudo para ele – já que uma parte dessa totalidade, ainda que mínima, é agora ocupada pela outra pessoa – e que, portanto, ele não me ama como eu o amo, ele me ama menos do que eu a ele.

E se ele me ama menos do que eu a ele, tenho dois motivos para sofrer. Um porque, apesar de todo o meu amor, não consigo tornar-me um objeto satisfatório para ele, e falho portanto no principal desejo do amante, que é o de dar plena felicidade ao amado. Outro porque corro grave perigo: sendo pouco amada, me torno substituível, mas sei que se ele me substituir quando me encontro em pleno amor, não terei como substituir a ele, que para mim é único. E, pior ainda, durante algum tempo, não terei como substituir a mim mesma, trocar o eu diminuído, humilhado, desprezado com que ele me deixar por outro eu tão brilhante e solar como esse que sou enquanto ele me ama.

O que é claro para um parece absurdo para o outro

"A infidelidade começa onde o casamento acaba." Bela frase justificadora, segundo a qual o infiel só parte para a ação depois que o seu casamento, ainda que de forma invisível, desabou. Pena que não seja verdade. Estou cansada de ver infidelidades comendo soltas em casamentos que não têm a menor intenção de acabar, e dos quais os próprios infiéis se dizem satisfeitíssimos. A infidelidade pode se beneficiar de um mau casamento, mas certamente não precisa dele para subsistir.

A única coisa de que a infidelidade realmente necessita é do *desejo de romper um compromisso de exclusividade, mantendo porém o vínculo da relação.*

Não se trata sequer de um compromisso verbal. Quando duas pessoas se amam e se têm, está subentendido que o amor impedirá a entrada de terceiros na perfeição daquele círculo. Ao dizer "eu te amo", o amante apaixonado está dizendo "eu só amo a ti" e está assumindo um compromisso de fidelidade. A duração desse compromisso, porém, fica no ar. Supostamente, ele só estará obrigado a mantê-lo enquanto se mantiver no seu coração a intensidade daquele sentimento que lhe fez dizer "eu te amo". Intensidade que, como já vimos, o outro não pode aquilatar e que tem variantes infinitas.

Porém, passado o tempo da *concentração do amor*, quando todos os desejos convergem para um único objeto, outros elementos começam a agir. Elementos que podem não ter nada a ver diretamente com o objeto e sua atuação, mas apenas com o sujeito, criando uma situação em que, embora ainda desejoso de manter aquele objeto pelo qual grande parte do amor subsiste, sinta necessidade de procurar um novo tipo de satisfação junto a outras pessoas que, não se constituindo em objetos de amor, são porém gratificantes sexualmente. "Durante os primeiros 10 anos de vida passional com ela [Simone Signoret], eu olhava as mulheres, mas não as via", disse Yves Montand em entrevista a Roberto d'Ávila.

"... depois... a paixão se acalmou... mas apesar de amar minha mulher, eu começava a olhar as outras."

O que caracteriza o ato infiel é exatamente a *falta de amor* inicial na relação paralela. Ou, pelo menos, a falta de confiança no amor que se manifesta. João tem uma relação profunda com Maria, a quem ama. Encontra Teresa e se sente atraído por ela. Mas não a ama. Deseja apenas ter uma experiência sexual e acha que não vale a pena destruir por isso a relação profunda que tem com Maria. João leva Teresa ao motel e depois volta sorridente para os braços de Maria, inaugurando, sem que esta saiba, a sua infidelidade.

Ou então João encontra Teresa e se apaixona. Mas não tem modo de saber se essa paixão é das que morrem em si mesmas, ou se evoluirá para um amor. Na dúvida, não quer se arriscar a perder Maria e ficar depois com um punhado de moscas na mão. Embora apaixonado, tece constantes comparações entre o novo e o velho objeto, tentando estabelecer valores. Sabe que, na cegueira da paixão, pode se enganar. Então espera, traindo Maria, até ter suficiente certeza para poder tomar uma decisão.

O fato comum a ambas as situações é que, de início, João não pretende desfazer-se de Maria. Se for descoberto, dirá candidamente: "mas eu te amo", frase que resultará incompreensível para ela, pois sendo exatamente a mesma que ele lhe disse para selar a relação e o compromisso de fidelidade, está sendo usada para justificar a quebra de um e de outro.

João poderá ir ao extremo - muito comum, aliás - de dizer a Maria que o fato de se relacionar com Teresa não só não diminuía minimamente o amor que sente por ela, Maria, como o aumentava. E embora isso para Maria soe como puro cinismo, João está sendo até sincero. Sair com Teresa - se ela ainda não se constituiu em novo amor - não toma nada de Maria. João canaliza para ela desejos que *já não estavam concentrados em Maria* e que, provavelmente, Maria não poderia satisfazer. E ao voltar do motel, fisicamente apaziguado e gratificado por ter atendido ao seu desejo, João tem a sensação de estar novamente escolhendo Maria - já que não ficou com Teresa -, renovando através dessa escolha sua vivência de amor. Ao mesmo tempo, por ter feito o que queria, sentirá sua relação com Maria não como uma imposição castradora, mas como um livre trânsito afetivo, bem mais leve e agradável.

Falta olhar para Maria. Ao confrontar João, cobrando-lhe sua traição, ela está furiosa e ferida. No fundo, espera que do confronto surja alguma solução, que João tenha meios de desfazer seu sofrimento, coisa que ele tenta fazer, ao dizer-lhe "eu te amo". Mas quando a frase cai sobre Maria, ela a decodifica como o fez da primeira vez em que a ouviu, ficando com a resultante: "eu amo só a ti". Ora, isso, na atual circunstância, não faz o menor sentido, pelo que Maria é levada a crer que João está mentindo agora, ou mentiu então. Numa dilaceração, Maria descobre, não de forma intelectual, mas no sentimento, que o amor de João por ela não é, e nunca foi, aquilo que ela pensava; que o amor de João, os sentimentos de João lhe são desconhecidos. No abraço andrógino, Maria se sente de repente abraçando o vazio. João deixou de ser ela, rompeu-se a identificação.

Aí estão duas pessoas diante do mesmo problema, com reações completamente diferentes. Maria viu despedaçar-se sua confiança em João; para ela, operou-se uma ruptura na relação, que vai obrigá-la a reestruturar seus sentimentos e que porá novamente em questão todas as razões que a levaram à escolha. João mudou, para Maria; e se quiser continuar com ele, ela terá que se adaptar à nova realidade.

Para João não houve ruptura. Não foi nessa hora que Maria mudou aos seus olhos. Ela já havia mudado aos poucos anteriormente, ao perder seu efeito centralizador e totalizante. E a adaptação foi realizada por João através de sua atuação compensatória com Teresa.

Assim, enquanto Maria vive um *fechamento*, devido à sua perda de confiança em João, João vive uma *abertura* por ter sido afinal aceito por Maria com todo o seu potencial infiel.

Ou seja, duas pessoas que se queriam uníssonas reagem em pleno descompasso.

O casal deixou de ser indispensável

Usei João como infiel e Maria como traída. Poderia ter sido o contrário. Mas em geral não é. Estatisticamente os homens traem muito mais do que as mulheres. Segundo uma pesquisa realizada em 1980 pelo Instituto Paulista de Pesquisa de Mercado, em 20 cidades brasileiras,

25% a 30% dos homens já tinham tido relações sexuais com terceiros depois do início da sua relação atual, contra 3% a 5% das mulheres. E nem precisaríamos de estatística; basta olhar ao redor para perceber que a infidelidade, ainda bastante problemática para as mulheres, é um verdadeiro *must* na vida dos homens.

Diante dessa diferença, há tempos nos perguntamos: seríamos polígamos ou monógamos por natureza? E feita a pergunta, vamos ao reino animal em busca de identificações. Monógamos são os gansos e os lobos, e também os pombos e as cegonhas. Os gansos, então, chegam a ser comoventes. Escolhem-se na juventude e ficam juntos para o resto da vida, sem se interessarem por qualquer outro companheiro. E mais ainda: se um dos dois morre, o outro se mantém absolutamente fiel, mesmo que lhe reste ainda um bom tempo para viver em solidão.

Não tendo nenhuma prova científica de que seja essa a verdadeira natureza da espécie humana, nos perguntamos se seríamos promíscuos como os macacos, os cães, os elefantes e os coelhos, dispostos a qualquer acasalamento, dependendo apenas do cio. Mas disso também não temos nenhuma garantia.

A única evidência é que, tanto numa hipótese quanto na outra, estamos bem distantes da nossa natureza. Se formos monógamos, grande parte da humanidade não está nem sabendo disso. E se formos polígamos, a outra parte está sofrendo à toa. Uma coisa porém me parece indiscutível: *seja qual for a nossa natureza, ela há de ser a mesma para homens e mulheres.* O ganso não é monógamo com uma gansa polígama, nem o cão tem várias fêmeas, enquanto sua cadela "essencial" se mantém em casta fidelidade.

A diferença portanto não existia. Ela foi inventada para atender a interesses sociais, à *economia do útero* – em que o útero da mulher, administrado pelo homem que a possuía, só podia dar frutos dele e para ele. E tão bem inventada que hoje, quando os interesses sociais já não são os mesmos, continua nos roendo o fígado. Por mais que a cabeça me diga o contrário, diante da infidelidade do meu homem sofro como se não houvesse em mim outro sentimento possível. Sofriam por acaso as habitantes da Europa Central quando, em 1650, depois da Guerra dos Trinta Anos, um decreto da Dieta de Nuremberg legitimou por dez anos a bigamia, a fim de recompor a população dizimada? Ou basta um decreto para acabar com séculos de formação?

E como se sentiam os negros do Quilombo de Palmares repentinamente vivendo num regime de poliandria? "... que a cada negro que chega ao mocambo fugido de seus senhores... lhe dão mulher a qual possuem junto com outros negros, dois, três, quatro e cinco negros, pois sendo poucas as mulheres adotam esse estilo para evitar contendas; que todos os maridos da mesma mulher habitam com ela o mesmo mocambo, todos em paz e harmonia... que todos esses maridos se reconhecem obedientes à mulher que tudo ordena na vida como no trabalho...", escrevia Manuel de Inojosa ao rei de Portugal. Era um caso de extrema necessidade. Basta então a necessidade para que nosso coração aceite sem estremecer outros regimes amorosos?

Então, para que meu coração se tranquilize, *qual é a nossa necessidade atual?*

A economia do útero acabou. A indissolubilidade do casamento acabou. Já não se treinam os homens para o sexo, como os cavalos para a corrida. E sobretudo não se diz às mulheres que diante dos seus impulsos eróticos devem se comportar como diante de um incêndio: tentando apagá-lo ou fugindo. Aquilo que nos apertava, nos impedia, nos reprimia acabou, ou está em vias de acabar. Mas *ao antigo papel do casal nenhum outro veio substituir-se*. Se antes o casal existia para criar os filhos e aumentar os bens, hoje um homem e uma mulher juntos são uma eventualidade sem finalidade clara. Não é mais indispensável um casal para criar os filhos, e nem mesmo para gerá-los – a não ser no fugaz momento do coito. E os vários casamentos que constelam a vida de cada um mais fracionam os bens do que os juntam.

O casal, *sem uma função social definida, também não tem uma moral definida*. Tendo deixado de ser indispensável, não precisa mais da tutela. Faça de si o que bem entender.

E isso seria ótimo, se bem nos entendêssemos. Mas com uma perna no passado, outra no presente, e as únicas esperanças possíveis localizadas no futuro, nos rasgamos em plena divisão.

A teoria, na prática, dói

Diz Zezé Motta: "Não condeno as relações extraconjugais de maneira alguma, contanto que não seja com meu marido. Racionalmente, posso conceber um casal vivendo uma relação aberta. Mas, na prática, esse tipo de coisa é demais para a minha cabeça". E Reginaldo Faria: "Se eu falar a favor, dirão que sou depravado. Se me manifestar contra, me acharão moralista". Ninguém condena a infidelidade. Ninguém é a favor quando o infiel é o seu amado.

Eu própria, escrevendo, estou cheia de dedos, com medo de errar no meu pensamento, com medo de pensar repressivamente. Porque sei que o desejo, numa relação a longo prazo, sofre períodos de esvaziamento impossíveis de evitar. E que a pressão erótica exercida por nossa sociedade é esmagadora. E que nem sempre, num casal, os níveis de exigências eróticas são iguais. E sei que o amor não pode ser uma prisão para as emoções e para os desejos.

Mas sei também que a vida é um regime de trocas, e que nessas trocas abrimos mão de certas coisas em favor de outras. E sei que nem todos os nossos desejos são para serem satisfeitos, porque *é da natureza do ser humano constantemente desejar*. E penso se não teria havido um momento em que o desejo sexual se desvinculou do todo formado pelos outros desejos, exigindo sua satisfação como uma necessidade à parte, que nem se alimenta nem se funde na satisfação do todo. E me pergunto se não conseguiremos jamais recuperar essa harmonia totalizadora.

Sim, somos muito compreensivos com a infidelidade de terceiros. Aprendemos que o desejo pode estar desvinculado do amor. E que, para o bem da saúde psíquica, não deve ser reprimido. Lemos nosso Reich: "Ninguém pensaria em condenar outra pessoa por não querer usar o mesmo vestuário durante anos, ou por não querer comer todos os dias o mesmo prato. Apenas no domínio sexual a exclusividade da possessão atingiu uma grande significação afetiva, e isto em virtude da interpenetração das relações sexuais e de interesses econômicos que ao ciúme natural deu as dimensões de um direito de propriedade. Numerosas pessoas amadurecidas e refletidas me declararam que, após terem experimentado e superado esse conflito, a ideia de que o companheiro pudesse entrar em relações sexuais passageiras com outros tinha perdido o seu caráter terrificante, e que a antiga impossibilidade de imaginar uma 'infidelidade' lhes parecia a partir de então ridícula".

Certamente Reich tem razão; há quem viva bem, sobretudo durante um certo tempo, em relações abertas. Mas minha experiência é de que quando o amor é intenso, e apesar de toda a racionalização, enfrentamos a infidelidade muito mal. Ela é uma para o traidor, mas é outra para o traído. Aquele que trai conhece bem a força de seus impulsos, conhece as motivações, tem na mão todas as justificativas. Aquele que é traído desconhece isso tudo, e mesmo que o saiba factualmente – que alguém, até mesmo o traidor, lhe conte –, não tem acesso ao ímpeto que levou o seu amado em direção a outra pessoa. O traído sofre porque, mesmo em plena realidade, está armado apenas de suposições.

E na infidelidade opera-se também um *deslocamento de cumplicidade* que nos magoa até mais do que o próprio fenômeno físico: durante um tempo, que vai desde a atração pela outra pessoa até o momento em que a traição é descoberta ou revelada, nosso amado não só deixa de ser nosso cúmplice como estabelece uma nova cumplicidade com aquela pessoa, cumplicidade em que os dois unidos tramam de alguma maneira contra nós. E enquanto nós, ignaros, continuamos com nossos ademanes amorosos, um código se estabelece entre eles, feito de palavras-chaves, de mínimos gestos, de hábitos que logo se criam – como a maneira de se dar a conhecer ao telefone, o lugar dos encontros, os horários –, no qual nós, mesmo não sendo nomeados, desempenhamos o papel do inimigo.

Somos, na infidelidade, os *últimos a saber*. Últimos no triângulo que se formou sem o nosso conhecimento, e no qual o recém-chegado, merecendo subitamente mais confiança do que nós que ali já estávamos, forma com o nosso amado uma unidade que nos ameaça.

Embora tendo o maior respeito pela individualidade do homem que amo, não posso deixar de sentir que toda sua escolha erótica fora da nossa relação põe a nossa relação em risco. E não posso deixar de sofrer pelo fato de seu desejo ser mais importante para ele do que a segurança do nosso bem-querer.

Antes, as mulheres achavam que tinham que suportar a infidelidade dos maridos, porque essa era a própria condição do casamento.

E achavam que assim era porque os homens tinham uma sensualidade transbordante, que não cabia a elas satisfazer. Hoje as mulheres sabem que a sensualidade dos homens não é mais transbordante do que a sua, e que a única razão para a sobrevivência de um casamento ou de uma relação é o amor. E se questionam muito sobre a validade do sexo desvinculado do sentimento, porque elas também já o experimentaram.

Hoje, a maioria das mulheres não está mais querendo relações em que a infidelidade seja uma constante. Acham que não há razão para isso. Que o desejo deve estar onde está o amor, para evitar descompassos.

Mas a maioria dos homens não chegou ainda a essa conclusão. Ou, se chegou, não consegue arrancar a perna que está tão firmemente cravada no passado.

A infidelidade não ficou mais rara nem com o fim da indissolubilidade do casamento, nem com a entrada do pleno erotismo no leito conjugal. Mais raras ficaram as mulheres dispostas a conviver com ela.

Amor e admiração

De uma mulher, ouço a definição: "Amor é feito de admiração e tesão". E paro para pensar.

Não há dúvida, a frase é tipicamente feminina. Se um homem dissesse isso – e creio que muito poucos o fariam –, certamente daria um sentido diferente à palavra *admiração.*

Na relação amorosa, quem costuma admirar são as mulheres. E isso, ao contrário do que pensa a autora da frase, é muito perigoso. Não só por causa da unilateralidade, mas pelo excesso.

As mulheres têm pelos homens uma *admiração coletiva.* Elas admiram a espécie masculina como um todo. Até ontem – e poderíamos quase dizer, até hoje de manhã – achavam muito sinceramente que os homens eram superiores, mais inteligentes, mais capazes. E como os homens detinham todo o poder, as mulheres ainda mais os admiravam por serem poderosos.

A essa admiração coletiva juntava-se, na hora da escolha de um parceiro, a *admiração individual.* Uma mulher dificilmente escolheria um homem que não admirasse, a admiração sendo qualidade até mais indispensável do que a atração física. E com justeza. Devendo entregar-lhe o comando da sua própria vida, era no mínimo uma demonstração de sábia prudência escolher alguém *melhor ainda do que ela própria.*

Grande parte disso persistindo até hoje, o pobre eleito vê-se transformado em carregador da admiração individual, acrescida do contrapeso da admiração coletiva. E espera-se que se comporte à altura da carga. Caso isso não aconteça, será aliviado somente da primeira. Mas duplamente execrado: porque não correspondeu àquela admiração quase cega que ela lhe devotava, traindo portanto o pacto que, aceitando a admiração, havia assinado; e porque, mantendo-se a admiração coletiva ainda de pé, ela o vê como o pior representante da classe viril e passa a desprezá-lo não só pela falta de qualidade pessoal, mas pela sua baixa colocação no admirabilíssimo universo dos homens.

Em geral, são necessários vários desapontamentos no plano individual para que uma mulher perceba que os homens, embora ótimos e capazes, não são exatamente admiráveis, pelo menos não no antigo sentido divinatório.

Já os homens não padecem desse mesmo mal. Como vimos antes, eles não admiram as mulheres como um todo, e raramente as admiram como indivíduos. Podem com frequência admirar-lhes o jeito, a graça, o físico, mas essa é uma admiração que corresponde ao desejo.

O próprio fato de admirar uma mulher como indivíduo – quer dizer, considerá-la de valor igual ou superior ao seu – complica muito as coisas na hora da escolha amorosa. Pois se o homem ainda estiver imbuído do seu papel clássico de protetor, se verá incapacitado de exercê-lo junto a uma mulher superior, ou ameaçado junto a uma igual que a qualquer hora pode melhorar um pouco e superá-lo. Não podendo desempenhar o seu papel clássico, e não tendo ainda descoberto outro para desempenhar, ele simplesmente se sente impossibilitado de ser homem.

Os homens têm porém uma admiração: pela própria mãe. E essa é igualmente perigosa para o amor. Pois ao amar uma mulher, o homem tenta transpor para ela a admiração que sente pela mãe – e aquela ainda mais intensa que sentia quando criança e que se confundia com o próprio sentimento do amor – *sem querer, porém, que essa transferência se realize por completo*. Ou seja, ele quer admirar a mulher como admirava a mãe, para poder amá-la como amava a ela. Mas no seu íntimo sabe que não pode dar à mulher tamanha admiração, pois esta o levaria a novamente tornar-se filho.

É isso que está em jogo nas comparações que os homens costumam tecer entre a amada e a mãe. Frases como "essa torta é parecida com a que minha mãe fazia", ou "minha mãe também entende de plantas" tentam estabelecer a superposição, mas na verdade acabam acuando como reforço da admiração pela mãe. O mais provável é que a frase acabe em algo como "mas a torta da minha mãe era muito mais gostosa", ou "samambaias como as dela nunca mais vi". E por mais que a amada capriche e se esforce, haverá sempre vários pontos superiores na conta da mãe, constituindo um todo imbatível. Apesar das aparências, não se trata de uma competição; mãe e mulher não correm na mesma raia, e se resolverem competir, tanto uma quanto outra acharão que coube a ela a de areia mais pesada.

Voltando à frase que gerou essas considerações, acho que a admiração é ótima para o amor. Mas, à admiração apriorística da escolha, prefiro aquela que vai se fazendo depois aos poucos, baseada não apenas nas qualidades, e sim na soma de qualidades e defeitos.

Aos cinco anos, bodas de tédio

Será que como para as bodas de prata e as bodas de ouro, o casamento tem também data certa para ficar chato? Parece que tem. Aos cinco anos, aproximadamente, pode-se preparar o bolo e soprar as velas da chatura.

Não é um dado inventado, é praticamente estatístico, e relativo ao Brasil. Ele nos é fornecido por uma pesquisa sobre a sexualidade feminina realizada em 1981 pela revista *Nova* e respondida por 3.600 mulheres de todo o país. O quadro traçado por essas respostas é claro: depois de cinco anos, o amor e o sexo se tornam, quando muito, mornos. E o tédio se instala.

Parece pouco, cinco anos, para quem esperava ser feliz para sempre. O desapontamento é uma constante nas cartas. E a acusação; a culpa, evidentemente, sendo quase sempre daquele cavalheiro com quem se partilham a cama e a mesa.

Seria mesmo muito curto esse prazo para duas pessoas viverem juntas? Ou seria curto apenas em relação à expectativa que rodeia o casamento?

As cartas que acompanharam a pesquisa contam histórias praticamente idênticas. O amor inicial, os planos para um futuro comum, o esforço para concretizar esses planos. Tudo bonito, tudo romântico. Frequentemente houve sexo antes do casamento, criando a possibilidade de uma escolha também no plano erótico.

Falam muito em paixão, na sofreguidão, no carinho, na atenção de um sempre voltada para o outro. E falam muito em desejo. Enfim, contam a antiga história do enamoramento.

Não contam o que o antecedeu. Também, para que contar aquilo que todo mundo já sabe, repetir como era bom, na infância, brincar de casinha, brincar de boneca, representar o paraíso que, como a todas as mulheres, as esperava? E como contar as fantasias eróticas elaboradas em torno daquilo que seria a noite de núpcias, os beijos molhados que sonhavam dar ao futuro eleito, os projetos de delírios eróticos que alimentavam suas masturbações? Para que contar como os desejos e as esperanças eram adiados se, afinal, a vida de uma mulher começa mesmo quando ela encontra o homem com quem vai se casar?

As narrativas então começam com o namoro, o noivado, o casamento, esquecidas do resto. Mas é justamente no resto que podemos procurar algumas das causas da decepção.

Antecedendo o casamento real, existe um *casamento ideal* que vai sendo progressivamente construído durante a infância e a adolescência. Este é perfeito. E, sob a forma de exigências e expectativas, lançará o peso de sua perfeição sobre o casamento real. Não entramos no casamento como quem vai enfrentar uma experiência nova, que ditará seus próprios rumos. Mas sim dando prosseguimento a uma peça já muito representada, apesar da ausência da personagem principal. Sabemos o texto, temos o programa na mão. E se, aos poucos, a história começa a mudar, nos sentimos defraudados, queremos nosso dinheiro de volta.

Paixão é como êxtase: divina e curta

A história muda. Isso é inevitável. Muda até mesmo porque, se não mudasse, não aguentaríamos. Nem mesmo Santa Teresa d'Ávila conseguiria manter seus êxtases indefinidamente. O êxtase é por natureza, breve, um momento de iluminação que rasga o cotidiano e nos leva às grandes compreensões e aos grandes gestos.

Constantino, o Grande, preparava-se para atravessar os Alpes em mais uma campanha militar quando teve sua iluminação: no céu, viu brilhar uma cruz, nela escritas as palavras *In hoc signo vinces* (com este símbolo vencerás). Não teve dúvidas: converteu-se ao cristianismo, adotou a cruz como símbolo, e partiu para a batalha. Embora com menos grandiloquência, é o que acontece quando nos apaixonamos: de repente, uma pessoa se destaca de todas as outras, brilha no céu dos nossos desejos, nos inflama e estimula. Então nos convertemos a ela, divinizamos tudo o que lhe diz respeito, e cheios de ardor partimos para a grande batalha.

Que grande batalha? A batalha da conquista daquela pessoa, do convencimento dos outros – amigos e parentes – de que aquela é afinal a pessoa certa, a batalha para tentar estabelecer uma relação, um casal, ou um casamento. E toda a batalha social, econômica, prática, familiar, através da qual nos separamos do núcleo em que vivemos – que pode ser a casa dos pais, ou um casamento anterior – para estabelecer um novo núcleo.

O impulso necessário para realizar isso tudo nos deixa já descadeirados às portas do casamento. Posso estar enganada, mas tenho a impressão de que a famosa frase: "Enfim sós!" não representa um brado de amor, mas um suspiro de alívio por poder afinal desafivelar a couraça, depor as armas, e descansar.

Depois da paixão, queremos repouso, para gozá-la em paz. Mas repouso e paixão não andam juntos. Quem se afina mais com a serenidade é o amor. E amor, já vimos, não é a mesma coisa que paixão. Disso, porém, nos esquecemos constantemente, e procuramos um onde só pode estar o outro.

O amor é que segura a barra

A relação amorosa se altera também porque *muda a sua finalidade*.

Como Francesco Alberoni mostra exaustivamente em *Innamoramento e amore*, na fase que antecede o casamento a finalidade do amor é de *ruptura*. Ele vai marcar o fim da primeira juventude, o corte do cordão umbilical. Em se tratando de uma segunda união, exige o abandono da primeira família. Ou, se isso já aconteceu, a renúncia a uma nova vida de solteiro. Seja como for, trata-se sempre da ruptura de uma situação para estabelecimento de outra.

Mas pensando no casamento, percebo que, ao contrário, o papel do amor é de *mantenedor*. Ele passa a ser indispensável para manter unidas aquelas pessoas que agora já constituem um núcleo social. E para isso tem que ser mais reflexivo, mais comedido, menos centralizador e sufocante – quem aguentaria ter a seus pés um suspirante eterno, tendo que ir ao escritório, ao supermercado, à luta?

A finalidade sendo diferente, diferentes são os sentimentos. A dificuldade está em que, ao mesmo tempo em que exigimos deles resultados opostos, pretendemos que se sobreponham simetricamente.

Com os sonhos cravados na paixão, e o senso prático agarrado no amor, não nos é difícil confundir a institucionalização do segundo com algo passivo, parado. O amor anda mesmo em passos lentos, e as doces emoções que nos proporciona podem não parecer tão galvanizantes. Que susto súbito me gelou o coração quando, pensando que amava tão bem o meu amado, me dei conta de que talvez, por isso, nunca mais vivesse uma grande paixão. Que saudade do tranco, do arranco, da ferocidade do querer. Seria melhor que o que tenho? Duvido muito. Mas a lembrança do redemoinho me enlanguesce.

Procurando no casamento a mesma violência cósmica do amor inicial, e não a encontrando, cometemos frequentemente o equívoco de negar completamente o amor conjugal, de não o reconhecer como amor.

Para isso contamos com o apoio maciço da sociedade, que se esmera em mitificar a paixão em detrimento do amor conjugal. Nunca, em cinema ou literatura, os amores legitimados são tão arrebatadores quanto aqueles que se passam nas coxias, ou quanto as paixões românticas juvenis. E não satisfeitos em depenar o casamento, os porta-vozes das modificações sociais há tempos anunciam sua morte, suicídio inevitável após terem assassinado o amor.

De que serviriam tanto esforço inicial, tanta energia desprendida, se fosse para acabar em nada? E já que não é possível nos apaixonarmos uma vez por ano, como resolveríamos nossa vital necessidade de amor nas entressafras da paixão?

Os projetos mantêm o fogo aceso

Cinco anos, mais ou menos, é o nosso tempo. Lembro do filme de Marilyn Monroe, *O pecado mora ao lado*, cujo título original é *The seven* *year itch.*[*] É o prazo americano; de sete em sete anos, os cônjuges começam a sentir a coceira da insatisfação, e, pelo menos no filme, passam a procurar sua alegria erótica em outras bandas.

O número sete é mítico e recorrente. Eu o reencontro numa teoria de Levinson, segundo a qual o desenvolvimento de um casal se realiza através de etapas de aproximadamente sete anos cada. Seriam períodos ao longo dos quais o casal luta para alcançar objetivos específicos. Ao cabo de cada etapa, e obtido o que se queria, parte-se para nova meta, e nova etapa.

Faz sentido com os nossos cinco anos. O que se passa num casamento durante esse tempo? Primeiro um período de deslumbramento com a nova condição, o usufruir da grande vitória. O que o amor queria foi conseguido, os dois estão juntos. Segue-se um período geralmente difícil de adaptação. Adaptação de um ao outro, e dos dois à nova situação e às novas responsabilidades. E é exatamente quando se está conseguindo o ajustamento que chega o primeiro filho.

Com ele os pais cortam definitivamente os últimos laços que ainda os prendiam à infância. *Deixam de ser eles próprios filhos e tornam-se pais.* A maturidade começa a se instaurar.

Também com o primeiro filho um novo desajuste costuma aparecer: o desencontro sexual dos pais. Frequentemente, o pai luta entre o amor pelo bebê e a rivalidade com aquele recém-chegado que parece absorver toda a atenção e o carinho da mãe. Por outro lado, a mãe, ocupada pelo filho, invadida emocionalmente pela maternidade, sente-se "esfriada" sexualmente. A um aumento de demanda dele corresponde uma diminuição de resposta dela. O momento é difícil.

Mas não é esse o ponto da crise (embora possa ser o começo de um processo degenerescente). Por enquanto o casal tem em comum um objetivo importante: lutar pela sobrevivência do filho, superando a primeira infância, e trabalhar para garantir a este, e aos próximos, melhores condições de vida.

Antes que esse projeto se esgote, o mais comum é que outro filho venha modificar a cena familiar, levando à repetição de modelos e à renovação do projeto. Se por um lado o pai não se esforçará tanto

---

* *A coceira dos sete anos.*

sexualmente, e a mãe não se preocupará tanto com os problemas da primeira infância, ambos continuarão unidos pelo crescimento da família.

A tensão desse projeto se afrouxa exatamente por volta dos cinco anos. A essa altura o primeiro filho já está em idade pré-escolar, e os mais abastados frequentam regularmente o jardim de infância. O segundo filho passou pelo período borrascoso e, com a mãe já experiente, não dá tanto trabalho. A relação trabalho-lucros-despesas rotinizou-se. Nenhuma força especial impele a qualquer luta extra. O cotidiano está organizado. E monótono. É nesse ponto que, se nenhum outro projeto sobrevier, o casal acreditará ter perdido o amor.

A ênfase das cartas recebidas durante a enquete aparece, porém, mais calcada em problemas de sexo do que no amor em si. Muitas escrevem: "Amo meu marido e sou feliz com ele, mas nossa vida sexual não é boa". Acredito que elas amem o marido; quanto a serem realmente felizes com ele, é pouco provável, porque, como já vimos, a insatisfação sexual é alastrante. *Felicidade* pode aí significar "tenho tudo de bom e do melhor, meu marido me trata bem, é um bom pai, nossa vida está dentro dos padrões que eu desejava", ou seja, pode estar sendo usada como sinônimo de bem-estar.

No sexo, porém, os sinônimos são mais difíceis. A ausência de desejo, a pouca frequência das relações e a rotina na execução são inequívocas.

É comum escamotear o problema atribuindo o desaquecimento erótico à idade. Nada comprova essa teoria. É por volta dos 30 anos, quando a sexualidade do indivíduo está vigorosa, que se manifesta a grande maioria das crises conjugais.

O que existe é uma grande incidência de problemas sexuais entre os jovens adultos, que nada tem a ver com a diminuição fisiológica da potência devido à idade. Segundo uma pesquisa inglesa, 25% deles têm problemas sexuais de ordem variada, e 40% dos casais que procuram terapia estão entre os 27 e os 30 anos.

Analisando esses dados vemos, em primeiro lugar, que a juventude não é o mar de rosas sexual que muitos fantasiam. O jovem casal que se casa e porventura tem desajustes sexuais pensa poder corrigi-los com o tempo e com o maior entrosamento. Mas é justamente quando esse entrosamento começa talvez a se esboçar que a chegada do primeiro filho vem abalar seu rumo. Se a chegada de um bebê é difícil para os que já se entendem, que dirá para os que ainda não chegaram lá.

O período dos cinco anos, ou quase, decorre assim sem que o casal tenha chegado à sua plenitude. Mas enquanto no início a força da paixão os levava a constantemente experimentar, e mais adiante a intensidade do projeto comum sublimou (ainda que parcialmente) os impulsos eróticos, agora a simples rotina matrimonial parece insuficiente. Não é à toa que a idade em que mais se procura terapia coincide com a idade da crise.

Criatividade, um santo remédio

Embora seja tão frequente, esse desenrolar matrimonial não é a regra para todos. Casais existem que passam dos cinco anos, e dos cinquenta, felicíssimos.

A dra. Helen Kaplan, diretora do Programa de Ensino de Sexualidade Humana no Centro Médico do Hospital de Cornell, em Nova York, desenvolveu estudos com casais que, já na faixa dos 80, continuam romanticamente apaixonados e em plena atividade sexual. Relatou que, ao entrevistar um casal casado há 60 anos, ficou um pouco sem jeito de perguntar a respeito de sexo "... apesar de ser o meu assunto, porque eles tinham um ar muito digno e idade suficiente para serem meus avós. Mas numa hora em que ficamos sozinhas, perguntei a ela, que me respondeu: 'Bem, desde que Jack botou marca-passo, tivemos que reduzir para uma vez por semana'. Estar em companhia de um casal desses faz a gente se sentir muito bem".

Segundo a dra. Kaplan, o medo, a desconfiança e a ambivalência são fatores que impedem esse tipo de profundidade amorosa. Mas a palavra-chave é *desapontamento*. "O ponto crucial de qualquer relação ocorre quando você acorda e a sua fantasia desapareceu. Você passou a ver a realidade, uma realidade na qual a fantasia que tinha do outro não se encaixa. De repente, o seu homem não é mais maravilhoso, generoso, sensível, mas sim um bebê exigente, disfarçado. Ele continua igual, tem magníficas ereções, ombros largos, mas isso não tem mais valor. Alguma coisa aconteceu com a imagem que você tinha dele. Entretanto, esses casais que continuam se amando parece que não se desapontam nunca."

Esse superávit de paixão é raro, reconhece a dra. Kaplan, e, radicalizando, podemos até considerá-lo uma patologia, ou, como diz ela, "uma loucura gloriosa". Mas, mesmo sem tanta transbordância, numerosos casais ultrapassam a crise dos cinco anos. E não se trata de patologia. Talvez se trate de projetos.

Ao falarmos de projetos conjugais nos ocorrem logo projetos práticos de educação dos filhos, aquisição da casa própria, compra do automóvel. Mas do *projeto de manutenção do amor* poucos se ocupam conscientemente, embora possa ser considerado mais importante do que os outros.

Como executá-lo? O analista Carlos Byington, em estudo publicado na revista *Psicologia atual* e intitulado "Vida conjugal e criatividade", coloca a criatividade como elemento-chave para o crescimento do casal. Mas adverte: "A maioria das pessoas nem sabe a que se refere o assunto". Segundo ele, o relacionamento homem-mulher foi estritamente codificado, com vistas exclusivas à reprodução. A tal ponto que é frequente casais tratarem-se reciprocamente por "pai" e "mãe", explicitando os papéis parentais que desempenham na cama, à custa da repressão de toda criatividade sexual. "Criou-se até", escreve o dr. Byington, "uma estereotipia sexual, que o brasileiro expressivamente chama papai-mamãe." Já não se faz sexo. Faz-se reprodução.

Criatividade erótica é uma boa maneira de elevar a temperatura entre os lençóis. Mas é pouco provável que, vivendo o cotidiano em platitude, limitada apenas à rotina de escritórios e fogões, se consiga à noite despir o mecanismo e adentrar no sexo com o elã e a promessa de performance que iluminam o rosto dos campeões.

A criatividade não pode ser exercitada apenas em aplicadas interpretações do Kama Sutra. Ela só é possível no sexo se for uma postura de vida que permeia as outras atividades. Nem se entenda criatividade exclusivamente como o dó de peito, o poema forjado ao entardecer, o quadro ou a cerâmica. Criatividade a gente bota num molho de macarrão ou num trocadilho. Não é apenas a capacidade de criar arte. É a elasticidade que permite recriar, ver as coisas de forma nova, brincar.

Mas é necessário que os dois estejam empenhados no jogo criativo. A criatividade exercida por um só é uma ameaça para o parceiro que refreia a sua. E o refrear daquele atua como censura castradora para cima do criador.

Ah! Sonhamos todos com uma vida de anúncios Camel, repleta de aventuras. Mas quando chega a hora de descer o rio de balsa, acabamos preferindo um veículo mais confortável, uma rota mais segura. E assim, de segurança em segurança, chegamos às repetições que não oferecem perigo. A mesma casa, a mesma rua, os mesmos pontos de vista, os mesmos beijos, as mesmas posições no sexo, no trabalho, na vida, no dia a dia sempre repetido. Tão repetido que em breve se gasta, e olhando para o lado murmuramos: "meu amor acabou".

Será o amor pelo outro que acabou, ou a paixão pela vida? E como culpar por isso o casamento, se ele não gera as causas, mas sofre as consequências? Ouço muita gente dizer que o segundo casamento é sempre melhor. Porque é melhor o parceiro, ou porque melhoramos nós? Se, como tudo indica, melhoramos nós, talvez seja o caso de tentar essa melhoria antes da separação. Antes que os cinco anos se esgotem.

Entre ficar e ir embora

Todo dia, sem perceber, decidimos ficar ou ir embora. Uma parte de nós decide, em doses secretas e homeopáticas. Uma parte de nós faz contas, avaliações, e acumula forças na direção para a qual o todo se encaminha. Sem que o todo saiba.

Todo dia. E no entanto, na hora de decidir fisicamente, fazer a mala, juntar as coisas, a alma empaca e se pergunta: por que ficar? Por que ir embora?

Não vinha táxi, eu estava ali havia horas, e de repente eis um lá longe, naquele tráfego cão, logo fazendo manobras audazes para acender ao meu sinal. Santo motorista!, pensei, entrando. Mas não era um santo, era uma santa. Ao volante, cabelos louros presos para não embaraçar no vento, uma mulher. Na praça há mais de um ano. O marido, doente, deixou o emprego. Ela acorda de madrugada, arruma a casa, apronta café, almoço do marido, despacha filha para a escola, dá uma limpada no táxi, rega as plantas e sai. Volta tarde da noite, à hora que der, que tiver passageiro para levar para os lados da casa dela, "que não vou ficar gastando álcool à toa, só pra chegar em casa na hora certa". Chegando apronta jantar, lava e passa a roupa da família, e só então vai dormir.

Isto é, quando não tem bronca do marido. Porque ele reclama. E muito. Diz que ela chega tarde porque tem homem na rua, que pega homem com o táxi, que é uma vagabunda. De vez em quando bate nela.

Por que não larga esse homem?

"Bem que eu queria", diz ela. "Bem que eu gostava de largar tudo e ir pra casa da minha mãe lá em Minas."

Por que não vai?

"Porque lá", me explica, "mulher descasada fica falada, é pouca vergonha."

Será por isso mesmo que ela não vai? Faço perguntas, insisto. E depois de me relatar mais grosserias do marido, de me dizer o quanto não gosta dele, o quanto o odeia, me diz duas coisas mais: que está ganhando com o táxi mais do que ele ganhava com seu emprego; e que não pode deixá-lo, "porque sem mim ele morre, coitado".

Ah! Ah!, exclama a minha alminha metida a esperta, apanhei-te! Ela não o deixa porque, assim doente e dependente, ele lhe permite exercer uma linda superioridade. Embora maltratada e insultada, pode se considerar muito melhor do que ele: ganha mais do que ele jamais conseguiu ganhar e é responsável pela sua sobrevivência. Aos insultos, responde com o desprezo, com o dinheiro jogado sobre a mesa e com o odor de santidade de quem se sabe injustiçada.

Mas sei bem que nenhuma conclusão é definitiva e que o meu ponto de vista é apenas mais um. Ela, por exemplo, chofer competente que me leva enquanto desabafa, tem certeza absoluta de que não se separa por pura caridade cristã, por resíduo do afeto que um dia a ligou àquele homem. E também por correção, cumprimento do compromisso matrimonial que assumiu, e que, na sociedade de sua mãe, onde foi educada, é tão importante. E é até provável que, tendo aliviado a pressão na conversa comigo, chegue em casa com atitudes quase amorosas.

Ele por sua vez, o doente agressivo, deve ter certeza de que ela fica porque sem ele não é ninguém. Porque uma mulher precisa de marido, mesmo entrevado e improdutivo, um marido que a justifique, mesmo se fica em casa enquanto ela sai por aí de táxi apanhando homens.

A verdade é que os três têm razão, embora parcialmente. Não há por que negar que ela tem por ele uma espécie de carinho residual. E pena também. E é fato que prefere aquele marido, mesmo tirânico e cheio de defeitos, à solidão malvista em uma pequena cidade mineira. Ele é realmente para ela um ponto de referência fundamental. E um dever. Mas ela usa a dependência dele para alimentar a sua onipotência.

Não há uma única razão para ficar. Há várias, que, como num caleidoscópio, mudam de feitio e de importância de acordo com o ângulo de visão. E assim é sempre. Mesmo quando elegemos um motivo como sendo o único, outros se escondem atrás dele, às vezes até mais importantes.

Fico por dinheiro, pode dizer uma. Mas esquece de falar na insegurança, que faz com que se considere incapaz de ganhar seu próprio dinheiro. E da ligação filial que tem com o marido que a sustenta.

Fico porque a gente se dá bem na cama, é capaz de afirmar outro. Mas não diz que é na cama que eles resolvem as brigas, é na cama que veiculam ternura, é na cama que se encontram em profundidade, e que portanto não se trata apenas de sexo pelo sexo (coisa que poderia encontrar com outra), mas de toda a relação que a abertura sexual torna possível.

Para uso externo utilizamos somente a *razão-escudo*. Fica mais simples, e nos deixa menos expostos. Em contrapartida, os outros, confrontados com tantos pontos negativos e um único positivo, se perguntam (como eu fiz com a mulher do táxi) "por que não vai embora?".

A coisa complica quando nos limitamos à razão-escudo mesmo para uso interno. Porque é mais conveniente, porque nos exige menos, ficamos com ela, tapando os ouvidos a todas as outras. Mas a conveniência acaba nos custando uma boa dose de autoconhecimento, que seria indispensável para nos ajudar a finalmente sair da situação, ou a ficar nela com mais prazer.

Um desmonte em vários tempos

Em termos de casamento, ir embora ficou bem mais fácil do que era. Antes, ao esforço anímico da separação em si, juntavam-se o esforço social, a audácia do gesto. O homem que abandonasse a família era um irresponsável e perdia todo o respeito. A mulher que deixasse o marido era uma perdida e não merecia respeito algum. Hoje, casamos sabendo que a separação é uma possibilidade incluída nos percalços matrimoniais. Não é mais um escândalo, embora ainda seja um vendaval que envolve não só o casal como as respectivas famílias.

Convém dizer que a modificação é ainda mais radical no caso das mulheres. Para elas, desfazer um casamento era duplamente impensável: porque sem aval masculino não tinham possibilidade de existência social, e porque sem marido não tinham possibilidade de sobrevivência econômica. Isso para não falar nos filhos, que perdiam ao cruzar a porta.

Atualmente as mulheres vivem a partida até como afirmação de uma nova postura. Não precisam de um homem para existir, podem ser sujeitos sem precisarem ser "senhora fulano de tal". A vida independente que às vezes não foi vivida antes do casamento pode sê-lo depois. E a consciência tornou-as mais exigentes, menos tolerantes; os sapos que antes engoliam "pelo bem do casamento" agora se atravessam na garganta. Um marido formal não basta, querem um companheiro.

Mas apesar da facilidade maior, da aceitação, separar-se é uma experiência extremamente dolorosa. Não existem casos em que só há razões para ir. O simples fato de duas pessoas terem se escolhido algum dia significa que havia motivos de atração. E o afeto – mesmo se passado –, as ligações inconscientes, as coisas partilhadas criam fortes razões para ficar. Essas razões contraditórias nos puxam cada uma para o seu lado. E nos dilaceram.

Mesmo quando parece não haver muito sofrimento no ato da separação, a verdade é que o sofrimento a antecedeu. Sofremos às vezes ao longo de anos, até conseguirmos tomar a decisão. E quando ela afinal se consolida sentimos menos a dor do que o alívio.

Há tempos, uma amiga terapeuta me contava de uma paciente. Depois de três anos de análise descobriu-se mais adulta, mais centrada. O homem com quem tinha se casado dez anos antes já não parecia lhe servir. Ele continuava o mesmo; bebia muito, mas não mais do que bebia antes. Contudo, ela já não suportava sua embriaguez. Eles faziam os mesmos programas que sempre haviam feito. E, no entanto, ela não suportava mais esses programas. Ela queria muito separar-se, tinha todas as razões para isso e perfeita consciência dos seus motivos. Mas hesitava. Quero livrar-me dele, dizia, mas tenho medo de me separar.

Levou ainda algum tempo para chegar lá. Foi preciso que as vantagens tranquilizadoras do casamento lhe parecessem realmente mínimas em relação ao peso de um marido de quem ela não mais gostava.

O difícil é que toda uma impostação romântica *nos faz crer que somos casados com uma pessoa*, e achamos que quando essa pessoa já não nos satisfaz deveria ser simples deixá-la. Na verdade somos *casados com uma pessoa, mas também com uma situação*, um esquema de vida. E às vezes, embora a pessoa não seja satisfatória, o esquema de vida o é, ainda que em parte. Para romper com os dois será necessário que a desvalorização de um seja pelo menos quase igual à do outro.

Vai-se quando não dá mais para ficar, quando as alternativas foram esgotadas. Ninguém deixa de amar outra pessoa de uma hora para outra. Não bastam uma palavra, um gesto, para deixar de amar.

Um colega de trabalho me contou que deixara de amar sua mulher nos primeiros dias do casamento, ao ouvir dela uma frase vulgar que lhe revelara sua verdadeira essência. Acreditava nisso sinceramente. Eu acho mais fácil acreditar que ele se apegou à frase para justificar um desamor que sentia e que não teria razão de ser no início de uma vida em comum. Por motivos que agora não vêm ao caso, ele estava muito interessado em casar com a moça. Mas para casar, precisava "ignorar" sua vulgaridade, que o incomodava. Ignorou-a até assinar os papéis, partir para a lua de mel. Aí permitiu-se ver, e, de repente, desamou-a.

Uma atitude pode causar a ruptura da imagem do amado. Mas só em casos extremos resultará em separação imediata. Geralmente, é o começo de um longo processo de desmonte.

Por isso, quando uma pessoa costuma se separar com muita frequência e muita facilidade, o mais provável é que nunca tenha realmente amado seus companheiros. Assim como sem pileque não há ressaca, sem amor não há sofrimento. Pode haver uma tristeza pela coisa que não deu certo, um desconforto misturado a desânimo por um fracasso a mais. Porém os sentimentos profundos não foram tocados, nada se alterou de visceralmente importante. Alteraram-se a rotina, a ação física. Não há perda porque nada foi investido. Há uma espécie de troca da guarda, para a qual o luto é desnecessário.

O álbum de família pode ser muito útil

Ficar ou partir tem um lado circunstancial óbvio. Mas, como qualquer movimento emocional, prende-se às estruturas de comportamento enraizadas no inconsciente. Olhar para o passado pode dar boas indicações quando se trata de resolver o presente.

Nossa primeira visão de casamento é o casamento dos nossos pais. Mas a ela reagimos de formas diversas. Podemos batalhar para manter nosso próprio casamento de pé, para seguir o exemplo do casamento feliz dos nossos pais. Ou podemos batalhar com igual empenho justamente para não repetir o modelo fornecido por eles, que foi desastroso.

A mulher criada desde cedo como a "mantenedora do lar" pode descobrir no exemplo da mãe a âncora que a impede de se separar, apesar do desejo de fazê-lo. Separar-se significa nesse caso não ter aprendido a lição, não ter cumprido o próprio dever. Afinal, não é assim mesmo que se sente aquela motorista de táxi, adulta e mãe de filhos, frente à ideia de ter que voltar para a casa da mãe, o território da mãe, carregando um fracasso matrimonial?

Homem e mulher, filhos de um mesmo casamento, podem reagir de forma oposta. Suponhamos, por exemplo, que a mãe tenha sido abandonada pelo pai e os irmãos tenham crescido ouvindo-a repetir que os homens são irresponsáveis. O rapaz pode desenvolver uma necessidade extrema de contradizer a mãe e demonstrar seu valor, sendo um marido exemplar. A moça pode adquirir a certeza de que ela também será abandonada e infernar a vida do marido a tal ponto, com insegurança e ciúmes, que ele acabará por deixá-la, permitindo-lhe exclamar, entre desesperada e triunfante: "Eu não disse?".

Mas o rapaz também pode introjetar a imagem paterna e não conseguir manter nenhuma relação duradoura. E a moça pode desenvolver um sistema de defesa pelo qual é sempre ela a primeira a encerrar uma relação.

O passado não determina nosso comportamento de forma simétrica. As combinações são infinitas. Mas é sempre conveniente recorrer a ele para obter uma leitura mais clara das nossas motivações e saber até onde o hoje é o responsável. Através dele poderemos entender por que certas pessoas demonstram sempre facilidade para tomar a iniciativa da separação, enquanto outras se atormentam sistematicamente para consegui-lo. O amor, que invocamos como causa única, tem seu papel nisso. Mas nem sempre é o preponderante.

Entre as duas opções o coração balança

Às vezes – tão frequentemente! – estamos certos de que aquele companheiro não nos interessa mais. Pesamos os prós, os contras. E chegamos à conclusão, aparentemente definitiva, de que está na hora de acabar. Começamos então os preparativos. Mas quando tudo está pronto, e já vamos indo, reacende-se o amor. Todas as qualidades que acabamos de negar rebrilham intensíssimas. Os defeitos encolhem, perdem a importância. E frente à constatação de que aquela pessoa é absolutamente indispensável, nos perguntamos, pasmos, como pudemos sequer pensar em jogá-la fora.

Foi ela que mudou tão rapidamente? É pouco provável. Assim como é pouco provável que tenhamos mudado nós. O que aconteceu foi que a maturação não estava completa. A monotonia da relação, os pequenos e grandes desajustes, a vontade de viver novamente naquele ritmo mais febril e entusiasmante do início do amor nos fizeram crer que mais valia sair à procura de outro amor. Mas bastou a ideia – ou o gesto – da ruptura para quebrar a monotonia, reinstalar o extraordinário.

Se o parceiro não queria acabar, o normal é que se desdobre em juras, carinhos, extremas devoções. É novamente o amante dos primeiros dias. E nós, que em seu lugar ainda não havíamos instalado ninguém, nos deixamos envolver, confundimos a emoção normal a esse tipo de situação com a do amor renascido. Não houve mudanças reais. Tudo está como antes. Mas há purpurina no ar. E no impulso dessa purpurina poderemos manter a relação viva ainda por algum tempo, até nova tentativa.

Processo semelhante ocorre na decisão de ficar. Em dúvida quanto ao valor de uma relação, podemos abrir um inquérito interno. Pesamos, analisamos, atribuímos pesos. E ao fim nos deparamos com uma resposta favorável. Aquela é uma relação que vale a pena manter. Sentimos o alívio da decisão tomada. A mais fácil, a confortável decisão de ficar. Mas mal acabamos de nos instalar nessa decisão, já algo parece roer-nos por dentro. Há uma ansiedade, quase irritação, e o desejo, contrário a todos os cálculos, de ir embora.

Erramos ao avaliar? Absolutamente. Mas bastou estabelecer dentro de nós que ficaríamos, para que, como uma porta, a decisão nos trancasse. Sentimos mal-estar de claustrofobia. Decidir ficar nos obrigou a encerrar as fantasias de partida com que vínhamos nos alimentando. Tiramos do nosso horizonte a possibilidade – pelo menos imediata – de novos e excitantes amores. Somos obrigados a voltar para o cotidiano. E por instantes esse cotidiano parece castrador, quase inimigo.

Assim, oscilando entre uma decisão e o seu oposto, vamos fazendo o tempo da maturação. Até o momento em que a hesitação diminui, se desfaz, e descobrimos a certeza do nosso querer, mais forte que o sofrimento e acima de todos os impedimentos.

Uma boa pesquisa sempre ajuda

Quando o desejo de ir embora nos invade, é comum nem sabermos ao certo por que queremos fazê-lo. Mas muito mais comum do que se pensa é a gente achar que sabe, sem ter-se realmente aprofundado na pesquisa. De acordo com a conselheira matrimonial americana Renate Olins, em vez de perguntar "Por que quero ir embora?", melhor é perguntar "Por que fiquei até agora?". Isso nos permite reavaliar não os defeitos do parceiro, que bem conhecemos, mas aquelas qualidades que nos prenderam a ele até então, e que, no desejo de partir, acabam ficando meio esquecidas.

Podemos também descobrir que uma excelente relação está sendo roída apenas por dois ou três pontos de atrito.

E que a tentativa de conserto desses pontos vale mais do que a perda da relação. Ou podemos chegar à conclusão oposta, de que um ou dois pontos cruciais – às vezes até o simples fato de não ter outro lugar ou outro alguém para onde ir – estão nos mantendo atados a uma relação que não tem mais nada de proveitoso para nos dar.

Há também quem faça exercícios de afastamento. São as famosas férias conjugais, ou as pequenas viagens "para pensar". Embora a separação esteja sendo ensaiada, me parece que a viagem em si pouco resolva. Porque quando a gente se afasta temporariamente para avaliação, estão implícitas a volta, a retomada das conversações. E saber disso impede o luto. Não há portanto a reprodução da situação do adeus. Há um afastamento de corpos. Acredito porém que esse afastamento seja salutar em caso de dúvida, desde que devidamente conversado na volta.

Ir ou ficar é uma difícil interrogação, mas o curioso é que, embora estejamos envolvidos com isso o tempo inteiro, embora a hora da escolha apareça na vida de todos mais de uma vez, só paramos para pensar nela de forma realmente objetiva quando estamos em cima do laço. De pouco nos adianta a experiência anterior. Saber que sobreviveremos a qualquer separação não impede a violência do corte, pois enfrentar as perdas é o maior problema afetivo do ser humano. Mas a perda das separação pode ser elaborada com menos sofrimento se tivermos conhecimento das causas que nos levaram a ela e pudermos entrever as vantagens que, a médio ou longo prazo, nos trará.

Cada um vai como pode

Embora opostos, amor e separação andam juntos. Quase nos esquecemos disso, por ser tão óbvio, mas não precisamos olhar para trás para saber que todos os nossos amores acabaram invariavelmente em separação – menos, é claro, aquele que nos acompanha no momento presente.

E se eu de chofre perguntar a você como foram as suas separações, será que se lembra no ato, ou tem que parar para relembrar? E antes dessa pergunta, será que tinha claro na mente o quadro geral de suas rupturas, com análises individuais e comparativas? Duvido muito. Eu própria descubro de repente que tinha a lembrança do sofrimento que acompanhou todas elas, mas que nunca tinha me dado conta, por exemplo, de que fui muito mais deixadora do que deixada.

E, no entanto, cada separação tem uma história, cada história se liga à outra, e a soma de todas essas histórias traça o outro lado do nosso amor.

De repente, como se arranca um dente

Eu cheguei para ele um dia e, sem mais essa nem aquela, despejei: "Olha, não vai dar mais. Sinto muito, mas não quero, não quero mesmo. Acabou. Prefiro que você nem me telefone". Ele insistiu um pouco, mas era do tipo durão, e ao cabo de mais alguma conversa saiu porta afora. Nem telefonou. Assim acabou um namoro de vários anos, que aparentemente ia muito bem.

Um outro chegou para a mulher e disse que ia passar o fim de semana caçando com amigos. Fez uma mínima mala, deu-lhe um beijo e se foi. Telefonou no dia seguinte dizendo que não estava caçando, não estava com amigos, e também não ia voltar na segunda-feira. Assim acabou uma convivência de muitos anos, cujo fim ninguém teria previsto.

Como se arranca um dente ou uma casca de ferida, *zapt!*, se termina um amor. Por que dessa maneira tão brutal para o outro?

Amado meu que me olhas docemente, sabes tu que debaixo de teu olhar me pergunto se ainda te amo, e como te amo? Me pergunto se te amo tanto quanto tu a mim? E não consigo resposta. Sabes tu, amado meu, quantas vezes tentei te dizer o que me acontecia e não tive coragem? Não por medo de te magoar, que não sou tão generosa. Mas porque temo que minhas palavras apaguem o amor dos teus olhos. E não posso me arriscar ao teu desamor se ainda não tenho certeza do meu. Então deixo que tudo continue como está, que você me acredite igual a antes, enquanto dentro de mim, dia a dia, a gota incha e se faz pesada, preparando-se para cair. E é só no dia em que tenho certeza de que ela está se desprendendo que, quando você entra, eu te recebo sem mais essa nem aquela e de repente despejo meu adeus.

O homem não ia para a caça. Mas temia ser abatido a tiros. Ou a golpes de lágrimas. Ou de chantagem. Tinha medo da mulher. Ela sempre ganhava. E ele tinha certeza de que não o deixaria ir, faria tudo para segurá-lo. E ia conseguir. Não que ele tivesse ódio da mulher; preferiria não a magoar, falar com jeito, arrumar as coisas direitinho antes de ir. Mas se ele apenas abrisse a boca, ela começaria a chorar, ou a gritar, ou a usar de argumentos irretorquíveis. Ela ia convencê-lo a ficar. E ele simplesmente queria ir embora. A mala, aquela que fez em cinco minutos com ar displicente; já tinha sido feita e desfeita vezes sem conta na sua cabeça, nos planos infindáveis em que, como um presidiário, arquitetava a fuga. Mais tarde, quando se encontraram, ela perguntou: "Por que você não me falou antes?", ele respondeu: "Ia adiantar?". E ela teve certeza de que ele era cruel e egoísta, um irresponsável.

Ninguém vai tão de repente quanto parece. O gesto pode ser repentino, a decisão pode ter sido tomada no último momento. Mas antes mesmo que qualquer pessoa falasse em malas, o nosso desejo já estava havia muito tempo na estação.

Por favor, você primeiro

Há pessoas que pulam em frente, que se "acusam" desde pequeninas no colégio, mesmo que não tenham culpa, que se oferecem para trabalhos voluntários. E outras mais cuidadosas, que não sentam na primeira fila, nem levantam a mão toda vez que a professora pergunta quem é que sabe a resposta. Lembro do colégio interno: tinha sempre alguma menina que pedia para sair da sala, ir ao banheiro, e assim que a freira deixava, logo outra e outra se levantavam pedindo "eu também!", "eu também". Aquelas meninas tinham vontade de ir ao banheiro, mas não conseguiam a coragem de pedir. Cruzavam as pernas apertadas e rezavam para que alguém mais ousado aparecesse. Acho que se não aparecesse, eram até capazes de fazer xixi nas calças.

Pois no amor também a gente fica às vezes com vontade de sair da sala, mas sem coragem de pedir. Acha sempre que pode aguentar mais um pouco. E enquanto acha, vai empurrando o outro para que peça primeiro, criando situações para que ele seja levado a isso. A diferença é que no amor o processo é menos consciente.

Anna Karina era casada com Jean-Luc Godard. A estrela e o diretor, aparentemente uma dupla ideal. Só que não funcionava bem assim. "Éramos diferentes demais. Eu tinha só 17 anos quando o conheci. Gostava de rir, de badalar, de beber, comer, era exuberante. Ele, completamente ao contrário. Tivemos problemas demais, crises demais." Um dos dois teve que se decidir primeiro. "O que conta", diz Anna Karina, "não é quem deixou quem. É a ruptura. Sobretudo porque inconscientemente podemos forçar alguém a nos deixar. E há sempre várias versões de uma mesma ruptura."

Inconscientemente, o homem que já está cansado traz um amigo para dentro do círculo da relação e o aproxima demais da sua parceira. Quando ela resolver ir embora com o outro, ele ficará como vítima.

Inconscientemente, a mulher que não quer mais aumenta as razões de atrito, faz tempestades em copo d'água. Quando ele afinal acabar com a relação, ela dirá que já não aguentava mais o temperamento irascível daquele homem.

Empurramos o outro para o abismo porque não temos coragem de dar o salto. Assim, não só evitamos a responsabilidade como nos reservamos o direito de ter um arrependimento na última hora e fazer o possível para que o outro volte a nos querer.

Vou ali, já volto já

Que homem terrível, meu Deus! Que homem desgastante. A gente briga, a gente não se entende. E temos pontos fundamentais absolutamente divergentes. Então eu sofro, sofro, sofro, e tomo a decisão. Vou-me embora, adeus pra você. E saio orgulhosa de ter tido a coragem, de ter salvaguardado a minha integridade, demonstrado o meu caráter.

Mas na esquina já estou aos prantos. Que homem maravilhoso, meu Deus! Que homem envolvente. A gente se amava tanto, e tem pontos importantes tão absolutamente gêmeos. Ele também é terrível, eu sei. Mas a vida sem ele é mais terrível ainda. Então eu sofro, sofro, sofro, e tomo a decisão: atendo o telefone. E digo que sim, já vou, te amo tanto.

Mas chegando entre os braços dele já me sinto quase humilhada porque fraquejei, porque desisti. Cadê meu caráter? Essa relação é impossível demais, eu sei. E no entanto eu a quero assim mesmo, e vou me esforçar para torná-la possível... até a próxima briga.

É o mecanismo que vimos antes, e que podemos chamar de *efeito elástico*. A gente vai e volta, vai e volta. E começa a se sentir meio torta, ridícula, e acha que os amigos todos nos acham ridícula, e que mesmo a pessoa amada já não nos leva a sério quando, em lágrimas, dizemos pela centésima vez adeus.

Toda vez a gente acha que é realmente a última. E, no fundo, toda vez a gente teme que não seja a última. Voltar acaba nos assustando tanto quanto ir, porque já sabemos que, embora nos arranque de imediato àquele sofrimento insuportável da ausência, vai nos devolver ao antigo mecanismo e nos obrigar a novamente sofrer o ciclo de desgaste que conduz à partida.

Por outro lado, de tanto ir e voltar, já não sofremos tão intensamente quanto das primeiras vezes. Aprendemos que a ruptura não precisa ser definitiva, que o caráter em questões de amor tem outra ética, e que a palavra humilhação perdeu todo o sentido.

Mas como o elástico se enfraquece com o uso, assim também nossas idas e voltas vão aos poucos perdendo a intensidade. E como o elástico de repente não tem mais nenhum poder de retração, assim também chega o dia em que vamos até mesmo pensando em voltar, e percebemos que a volta não é mais necessária, que essa vez, finalmente, foi a definitiva.

Sem perceber, fracionamos a ruptura. Fazemos feito criança que parte o comprimido ao meio, ou em quatro partes, para fazê-lo passar pela garganta. Não tendo forças para enfrentar a separação toda de uma vez, separamos pedacinho por pedacinho, engolindo cada um com um bocado de lágrimas, mas engolindo.

No cômputo final acabamos sofrendo tanto quanto – ou mais – sofreríamos numa ruptura radical. Mas em questões de separação *não se trata nunca de contabilidade. Trata-se de possibilidade.* Agimos como podemos agir, como a nossa emoção aguenta. E nos damos sempre por satisfeitos se ao término não estouramos o coração.

Há um perigo, porém, no *efeito elástico*. Ele se processa dos dois lados. E nada nos garante que a elasticidade do outro seja igual ou superior à nossa. De repente, quando ainda estamos no meio do processo, ele pode ter acabado o seu. Então nós voltamos, precisando de mais umas rodadas de afeto, e damos com a cara na porta.

De mal a muito pior

"Se não está mais dando certo, vou-me embora. Sinto vertigens quando a relação começa a degringolar, porque é muito difícil não piorar as coisas ainda mais. Quando a gente percebe que está começando a perder, acaba fazendo tudo para perder cada vez mais." Quem disse isso foi a atriz Jane Birkin, a respeito da sua separação de Serge Gainsbourg, músico com o qual, durante anos, formou um casal de sucesso.

Se as brigas começam a acontecer fico angustiada. Tenho medo de que a gente não consiga reequilibrar o barco, que um de nós dois, ou os dois, levante subitamente e no impulso nos afunde. Não sei se isso vai acontecer, nem quando. Tento esperar um pouco, mas minha ansiedade cresce desmesuradamente. Então de repente me levanto eu, e de propósito, para pôr fim a este suplício insustentável, chamo a água para dentro com o peso do meu corpo.

Além disso, como saber a maneira de não piorar? E como ter certeza de que, sabendo, é isso mesmo que tem que ser feito?

Se você está de mau humor e me destrata, eu sei que para não piorar as coisas devo reagir com serenidade, perceber que o mau humor é seu, que não devo comprá-lo, e que sorrisos e bons tratos não fazem mal a ninguém. Mas também sei que devo atender ao meus sentimentos, sintonizar nas minhas emoções; e a minha emoção me diz que estou furiosa por ter sido destratada, que quero que o destratante se dane, e que tenho todo o direito de ir lá e dar-lhe um chute nas canelas.

Se lhe dou um beijo melhoro as coisas? Se lhe dou um chute pioro tudo?

Mas também sei que se você me agride precisa da minha reação – e nesse caso um beijo não é reação, é falcatrua –, porque se ela não vier você se sentirá muito mal, carregando sozinho a culpa da briga. E por outro lado a experiência me diz que se eu for agora lhe dar um chute, você me dará dois, e eu três, e em breve nossas canelas estarão em frangalhos.

Vertigens. Já não sei o que fazer. Sinto que vou virar esse barco sem nem perceber que levantei.

Mas também pode ser que eu me levante por achar que sou incapaz de melhorar as coisas, que piore tudo, que sou um macaco em loja de louças, quando na verdade não é nada disso. Eu posso achar que sou culpada por uma tendência minha a assumir a culpa.

E é igualmente provável que eu não esteja me levantando sequer por me achar de fato culpada, mas esteja usando a culpa para me tirar dali porque, na verdade, *não aguento a tensão do conflito.*

Vertigens. Saio pela porta. Chorarei depois.

Amor com amor se apaga

João conhece Ana. Que paixão avassaladora! Um turbilhão, uma revolução. De repente, só Ana existe. A hesitação é breve; para viver plenamente Ana, João deixa Maria. Mas dali a pouco tempo, a paixão arrefece, o turbilhão passa e, como depois de uma tempestade, só folhas caídas no chão lembram o que aconteceu. Sem Ana e livre de Maria que ficou lá atrás, João segue sua vida.

Será que foi realmente por Ana que deixou Maria? Pode até ser, mas é muito provável que não. Ana, que está certa de ter conquistado João com seus encantos, não sabe que entrou numa vaga já existente, e que serviu de *carona para que ele pudesse sair da outra relação.*

Estava ruim com Maria? Talvez nem. Mas João queria outra coisa, outra vida, outras relações. Queria, imaginariamente. E no entanto não tinha nenhum motivo sólido, nada real para se separar de Maria. Nem sequer brigavam! Davam-se bem, eram até afinados, embora em uma nota abaixo do diapasão de João. Às vezes ele pensava em mudar, em como seria amar outra mulher. E gostava do pensamento. Mas a outra mulher não existia, e Maria estava ali, bem existente e docemente prática. João ia ficando.

Até chegar Ana. Era muito especial? Digamos que era apenas mais coincidente do que as outras com as fantasias de João. E que chegou na hora em que João estava mais maduro. E que mais do que as outras, o queria para si, e maquinou para isso.

Foi o suficiente. Transferidos para cima de Ana todos os seus sonhos, João transferiu também seu corpinho, e mais do que justificado pela pujança do novo amor, conseguiu demitir-se de Maria – a qual nesse momento já não apresentava para ele qualquer encanto.

A carona amorosa é um processo dos mais usados. E dos mais convenientes. Atropelados pelo novo amor, concentramos nele a quase totalidade das nossas emoções, e pouco sobra para sofrer pelo encerramento do outro. Além do mais, o amor é um ótimo álibi social: em seu nome tudo pode ser cometido. E com ele não há como tergiversar. Maria, que lançaria mão de todos os meios se João lhe dissesse que queria acabar apenas porque estava enfarado, se vê praticamente manietada se ele lhe afirma com convicção que ama outra.

Nem todas as trocas de um amor pelo outro são porém simplesmente caronas. Às vezes trata-se de uma verdadeira paixão. Mas isso só se descobre depois.

Pode demolir que eu espero

Um sistema drástico, convenhamos, mas que também acontece, é o que podemos chamar de *efeito dilapidação*. Começa, como todos os outros, com uma bela paixão; e de repente, quando ainda estamos apaixonados, aparece o primeiro coice, ou a primeira falha essencial de caráter no ser amado. Surpresa, desapontamento. Ao segundo, ou ao terceiro, começamos a nos dar conta de que aquela alma gêmea não é gêmea coisa nenhuma, e que convém nos livrarmos dela. Mas como, se, apesar da lucidez com que lhe vemos os defeitos, ainda o amamos tanto? Deixando-o agir.

Sim, meu lindo, você berra comigo hoje e me sacode pelos ombros sem que eu tenha feito nada para merecê-lo, e eu não reajo, não te largo na hora, porque não consigo, porque mergulhei fundo demais e vou demorar a voltar à tona. Mas deixa estar. Você vai me sacudir de novo amanhã, tenho certeza. E a cada sacudida é um pedaço do meu envolvimento que você tira de cima de mim. Eu quase te pediria para ser mais grosseiro ainda, para andar mais rápido com esse trabalho de demolição, se não me doesse tanto. Mas não se preocupe, pode prosseguir no seu ritmo, eu espero. Pedaço por pedaço, breve não sobrará nada, e então quando você botar a mão no meu ombro para sacudir, eu pularei na tua frente como um Bruce Lee enfurecido e te darei um único golpe: a despedida.

É uma traição? A gente deveria falar antes, avisar, dizer, olha eu não gosto de ser sacudida? No início a gente ainda tenta. Mas há estruturas que não se mudam. E quando a gente percebe isso, começa a organizar a defesa. Uma defesa em que, geralmente, não há lugar para jogo aberto.

Se o outro sou eu

Esses são mecanismos através dos quais nos separamos de alguém. Mas são também aqueles através dos quais alguém se separa de nós. E embora seja ruim para ambos, costuma sofrer mais aquele que é deixado. Não porque a separação não doa no que vai, mas porque este, para aliviar sua dor, tem o estímulo do impulso que o levou a agir e o sentido de renovação: à sua frente está uma vida nova, *que ele escolheu.*

Já aquele que fica, sobretudo se foi avisado no último momento, pouco partilhou dessa escolha - apesar de ter cooperado nos motivos. É embarcado numa separação, *à revelia dos seus sentimentos.* E não tendo se preparado para a ruptura, também não tem projetos para o futuro que não incluam o, agora já antigo, companheiro. De um momento para outro, é um Gordo sem Magro, e nenhum script possível parece ter a mínima graça. Diz Françoise Giroud, jornalista, ex-ministra para Assuntos da Mulher na França: "Foram precisos anos para que me recuperasse. Anos em que eu era um monte de ruínas ambulante". Para que se recuperasse da separação de Jean-Jacques Servan-Schreiber, jornalista, que com ela vivia havia oito anos e que, quase de repente, casou-se com outra. "Estava de luto. Queimada por dentro como uma floresta depois do incêndio. Foi preciso algum tempo para conseguir encontrar outra maneira de viver. Eu não acreditava mais em mim mesma."

Se você, que eu amo tanto, diz que não me ama mais, é sinal de que todas as minhas virtudes não existem mais aos seus olhos. Mas eu havia feito dos seus olhos os meus, eu via o mundo através deles. E se você já não vê o meu valor, como posso eu vê-lo com aqueles pobríssimos olhos que me ficaram? Porque eu te amava, você era o meu espelho. Mas a imagem que me devolve agora não é a mesma de ontem, nem a mesma que, de mim, guardo na lembrança.

Teu desamor me desnorteia. Não sei mais ao certo quem sou, meus contornos se confundem. E como conviver com o fato de que meu amor por você nada te significa, se no meu coração ainda é aquilo que me dá sentido?

Como uma floresta depois do incêndio, é preciso procurar outra maneira de viver. Às vezes demora. Mas há sempre um dia em que, depois de mais uma chuva, começa a brotação.

Onde anda o amor nas relações sem amor?

Olhamos de fora e concluímos: esses estão juntos por amor, aqueles se escolheram por interesse. E para os primeiros damos nosso beneplácito, enquanto os segundos merecem, se tanto, a nossa desconfiança. Mas como saber, sobretudo estando fora, onde o amor começa e acaba numa relação, e onde e como é despido de interesse?

Sejamos claros, é por interesse que todo mundo se escolhe. Já vimos adiante que preferimos um parceiro a outro porque este tem mais do que aquele. Mais fatores que nos completam, mais elementos que consideramos necessários para preencher as nossas expectativas. Eu não casei com meu marido por causa dos seus lindos olhos negros. Casei porque os interesses dele eram semelhantes aos meus, porque eu o admirava na sua profissão e ele na minha, porque conversar juntos enriquecia a ambos, e porque ele me atraía sexualmente. Casei porque eu o amava. Mas eu o amava porque ele me convinha.

Portanto, mesmo ao escolher por amor, estamos, embora de forma mais romântica, escolhendo por interesse. E se às vezes o dinheiro nem parece entrar na contagem é porque (sobretudo existindo o suficiente para viver com um mínimo de conforto) ele não se constitui valor preferencial.

Entretanto, existe um claro preconceito contra as relações ditas de *interesse*, nas quais a escolha é ditada pelos possíveis lucros econômicos ou materiais.

Engraçado esse preconceito. Sobretudo se lembrarmos que até ontem os lucros eram o único motivo levado em consideração para juntar duas pessoas. Nada era mais decente do que avaliar terras e cofres de duas famílias e, a partir das contas, casar duas pessoas que muitas vezes nem se conheciam. Aos mais ricos e distantes concedia-se a troca de retratos. (Mas sobretudo no caso dos feios, a decepção era ainda maior, porque o artista contratado não era besta de pintar o contratante com muita fidelidade.) Indecente era moça rica apaixonar-se por rapaz pobre, ou rapaz apaixonar-se por moça de família inimiga. Estão aí para prová-lo Romeu e Julieta, que teriam sido bem mais respeitados por seus concidadãos se tivessem pensado mais nos interesses e menos no coração. Como disse o antropólogo Lévi-Strauss, o casamento não era "um negócio entre um homem e uma mulher, mas um negócio entre dois homens a respeito de uma mulher".

A coisa muda quando, quase paralelamente, mudam a mulher e o casamento.

Ela, de moeda que era, passa a querer ser também negociante. Até então, mulher de respeito era aquela que, tendo conseguido um marido bem posto na vida, lhe desenfornasse pão e filhos, sem fricotes românticos, sem exigências eróticas. Casada com o homem rico, não transacionava o dinheiro e, portanto, não tinha poder e não ameaçava ninguém. E caso ficasse viúva, os bens seriam administrados por outro homem, irmão, pai, ou novo marido. (Pelas antigas leis de Nova York, por exemplo, ela só podia herdar algumas coisas que pertenciam ao casal: a Bíblia da família, fotos, livros escolares e os demais livros – que não passassem de 50 dólares –, rodas de fiar, teares, o fogão, dez carneiros e sua lã, dois porcos e sua carne, roupas, camas, colchas e roupas de cama, uma mesa, seis cadeiras, seis facas e garfos, seis xícaras e pires, um açucareiro, uma leiteira e uma chaleira. Dinheiro, nada.)

Quando, porém, ela começa a se assumir, e em vez de ficar quietinha sobre o pano verde resolve dar as cartas, torna-se um perigo. Agora, ao casar com um homem rico, não só bota as mãos no dinheiro como, ao herdá-lo, o administra. É rica, poderosa, ameaçadora.

Já vimos como a mulher é assustadora para os homens por ser a detentora da procriação. Quanto mais sendo a dona do dinheiro! Essa é a razão mais forte para que as mulheres que se casam "com o dinheiro" sejam vistas com tanta desconfiança.

A posição do homem também se alterou. Antes era tanto mais bem-sucedido e admirado quanto mais rica a mulher que obtivesse. Equivalia a dar mostra de valor e tino comercial. Hoje o rapaz pobre que casa com a milionária não ganha o beneplácito social, ganha o apelido de gigolô.

E mudou a função do casamento. Tendo deixado de ser associação comercial para tornar-se associação amorosa, a ausência do amor romântico se nos afigura como um retrocesso, negação da razão de ser da união de duas pessoas, que no momento estabelecemos como a única válida.

Mas o que nos interessa aqui não é exatamente o casamento. É o amor. Talvez não aquele romântico, homem-mulher, que nos põe suspirosos diante de um retrato. Mas aquele querer que nos impulsiona em busca de alguém ou alguma coisa. Aquele querer cuja satisfação é a base da nossa felicidade e que podemos chamar de desejo. A esse *nunca renunciamos*. Resta ver onde anda nas escolhas em que, ausente o amor suspiroso, nos iludimos de que não haja amor algum.

Dinheiro e afeto podem ser a mesma coisa

Chamava-se Anita. Era remediada, casou-se com um rapaz que tinha dinheiro e a quem ela não amava. Abriu mão do afeto? Não, foi buscá-lo onde estava para ela.

Quando a conheci já era noiva havia alguns anos. O noivo, alto, bonitão, vinha buscá-la de carro no fim do expediente. Trabalhávamos no mesmo lugar. De vez em quando a gente perguntava: "Anita, esse casamento sai?", e ela: "Ainda falta". Faltava o quê? Primeiro, acabar de construir o apartamento, depois botar os móveis, depois ajeitar mais o banheiro. Enfim, faltava sempre alguma coisa. E à medida que o noivo providenciava, Anita descobria outra falta. Faltava vontade de Anita casar.

Conversei com ela infinitas vezes, sugeri que não casasse, desmanchasse o noivado. Mas não adiantou. Ela dizia que não podia, que ele era muito bom, que tinha feito tudo para ela, que não queria lhe dar desgosto. E também que ia ser um bom marido, era homem sério, trabalhador, estava subindo na vida, ia dar-lhe conforto, filhos e segurança. Dizia que queria casar, mas não casava.

Anita esperava talvez ser salva pelo aparecimento de um homem igualmente bom e trabalhador, mas que lhe despertasse um grande amor. Não apareceu. Apareceu outro, que não era trabalhador, nem muito bom, mas era sedutor. E atrapalhou a vida de Anita. Ela se viu noiva de um, apaixonada por outro, e na maior dúvida. "Não casa com nenhum dos dois", sugeria eu. "Espera que uma hora aparece um terceiro." Mas afinal, um dia, ela veio me entregar o convite de casamento. A data estava marcada, a decisão tomada. E, entre véus e lágrimas, lá se foi, em busca da felicidade.

Por que a procurou no dinheiro? Porque a falta de dinheiro representava para ela o pior dos males, um mal pelo qual tinha passado e que não queria reviver. Criança paupérrima, no campo miserável do estado do Rio, abandonada desde cedo pelo pai, criada por uma mãe de saúde precária, Anita desde pequena só queria segurança. O amor romântico para ela era secundário, porque só podia fazê-la feliz se viesse acompanhado da garantia de que nunca mais seria abandonada, nunca mais passaria necessidade, e seus filhos não teriam que sofrer o que ela havia sofrido.

Anita escolheu aquilo que lhe era indispensável. O amor pelo homem sedutor que a perturbou tanto não seria suficiente para fazê-la feliz, porque a falta de segurança que o acompanhava era um fator absolutamente impeditivo.

Não trocou o amor pelo dinheiro. O dinheiro para ela não era puramente dinheiro; era segurança, segurança sendo sinônimo de afeto. Ou seja, devido às privações de infância, Anita identificava dinheiro com amor. E assim, embora de forma transversa, acabou escolhendo o amor que se lhe afigurava mais completo.

Um interesse bem disfarçado

Dele ninguém diria que tinha se casado por interesse. Mas pelo que me confidenciou, não estava apaixonado quando se casou. Antes sim, quando a conheceu, irmã de um cunhado, e a levou para a cama. Casou por isso, por causa da cama, do cunhado, da família dela certinha, da família dele certinha. Naquela familiaridade toda ele a sentia quase parente antes mesmo de casar. Um esquema bem tradicional.

E dentro do esquema tradicional, em pouco ele a estava traindo. Teve vários casos sem importância. Até que, num desses casos, apaixonou-se. Paixão rasgada, fulminante, de ocupá-lo inteiro. A moça também o amava. Mas, apesar da grande paixão, ele não se decidia a deixar a mulher. "Você gosta dela?", lhe perguntei mais de uma vez. "Você está brincando!", me respondia rindo. "Fico por causa dos filhos."

Os filhos cresciam, e ele ali, firme. A moça cansou, foi embora. Ele arrumou outra moça, outra paixão. Falava até mal da mulher. Então, onde estava o interesse?

A mulher era a ordem na sua vida, aquela que tudo organiza e tudo providencia. Gorda e pródiga, distribuía afeto e tortas a filhos, vizinhos, conhecidos, deixando para ele sempre o maior pedaço. Telefonava para o escritório, pedia a ele que trouxesse coisas na volta, um pacotinho de manteiga, as bananas que estavam faltando. Recriava, enfim, à sua volta todo o ambiente familiar da infância, com a casa sempre cheia de gente e pratinhos cheios de farelos de doce, ele indo à venda comprar coisas a pedido da mãe.

Ele não a amava com o deslumbramento erótico com que se ligava às outras mulheres. Mas amava o calor doméstico, uterino e algo sufocante com que ela o rodeava. Um calor idêntico ao que havia permeado toda a sua vida de menino e que, para ele, estava indissoluvelmente ligado à ideia de bem-estar, de felicidade.

Mas era incapaz de reconhecê-lo, talvez para não ter que aceitar que seu lado menino era mais forte que seu lado adulto, de machão sedutor. E quando os filhos cresceram de todo e foram viver suas vidas, alegou que não se separava porque agora não podia deixar a mulher que já estava começando a envelhecer. O que ele não podia era abrir mão de uma relação que, embora nada palpitante, era seu alimento básico.

O lucro para começar, a paixão depois

Tudo o que Lia queria era subir na vida. Pensava nisso desde garota, desde os tempos do subúrbio, a mãe costurando para fora. Quando atravessou minha vida, já estava bastante adiantada no percurso. Subúrbio, nem pensar. Tinha conseguido sair de lá convencendo a mãe a trocar a casa boa, deixada pelo pai, por um apartamento minúsculo, porém mais central. Era o primeiro passo. O segundo foi um colégio melhor, que lhe permitisse conhecer gente de status acima do seu. Daí em diante, as coisas foram acontecendo, ou melhor, ela foi fazendo as coisas acontecerem. Frequentou os barezinhos da moda, conheceu rapazes com quem circulou em outros ambientes, até que, afinal, encontrou o rapaz rico que lhe servia. Noivado, casamento. Gostar dele, não gostava. Mas, se hesitou um pouco, a mãe a ajudou a vencer as dúvidas, estimulando esse casamento que representava a coroação de tantos esforços e de uma boa dose de sacrifício.

Esse marido não cheguei a conhecer. Ela me contou que o casamento durou pouco e que lhe deixou como saldo alguns bens materiais sólidos e um dinheiro nada desprezível. Dali para a frente, alternou casos mais ou menos longos com casamentos mais ou menos curtos. E, a cada nova escolha, acrescentava ao seu lastro um pouco mais daquilo que queria, e subia um pouco mais rumo ao topo que tinha como meta. Não era sempre dinheiro o que a atraía. Ela estava interessada também em brilho, em aparecer, em ser alguém. E isso a levava a escolher homens aparentemente muito diferentes, embora sempre bem-sucedidos, capazes de levá-la um degrau acima em sua longa escalada.

Lia já passa bastante dos 30, e ainda não é tão rica e tão famosa quanto se propunha. Mas já subiu muito. Feliz? Não tenho certeza. Mas infeliz não parece, em absoluto. E o amor?

Aí é que está o curioso. Ela absolutamente não renuncia ao amor. De alguma maneira, o fabrica, usufrui dele, e o apaga quando não há mais nada a lucrar. A coisa funciona com uma escolha feita a frio, antecedendo qualquer tipo de apelo amoroso. E embora no primeiro casamento o amor não aparecesse nem depois, com o tempo ela foi aprimorando aquilo que podemos definir como seu método. Ou seja, ela escolhe, a frio, o homem que lhe parece conveniente. Diz para si mesma, claramente: esse homem vai poder me ajudar nisso, ou naquilo. E então começa a seduzi-lo. Esse é um dado importante: Lia nunca é seduzida, nunca é passiva. Ela ataca, e de maneira muito frontal, porque não pode se dar o luxo de perder aquele homem escolhido tão a dedo.

Mas, realizada a sedução inicial, ela se apaixona. Invariavelmente. Os sintomas do grande amor estão todos ali. Ela chora, se descabela, anseia. E graças a isso, evita qualquer vaga sensação de mercantilismo. Está falsificando? Pelas suas confidências, parece que não. O que existe é um mecanismo que podemos tentar resumir assim: toda a sua força vital está concentrada no desejo de subir; ela sabe que o amor é a grande força motriz do ser humano; e sabe também que, se colocar essa força no objeto "certo", contribuirá de forma decisiva para a vitória, mas que se a desviar para um objeto "inútil" dificilmente chegará lá. Então ela tranca o amor, e só se permite soltá-lo quando acha que estará bem colocado. Não faz isso conscientemente. Apenas, para que ela possa se apaixonar, a qualidade indispensável em um homem é que lhe traga vantagens.

Lia só ama por interesse, mas é certo que se alguém lhe disser isso, se sentirá profundamente injustiçada.

O amor está onde nós o colocamos

A mocinha bonita com o velho milionário. É um chavão. E faz parte do chavão que a família e os amigos apontem o dedo acusador para a "interesseira" que está querendo explorar o pobre velho. E o pobre velho, não lucra nada com isso? Pelo contrário, ele é tão negociante quanto a moça; simplesmente, cada um entra com o capital que tem e com o desejo que o impulsiona: ele com o dinheiro e a vontade de remoçar através dela; ela com sua mocidade e a vontade de usufruir do dinheiro através dele.

Frequentemente, o negócio se realiza com conhecimento de causa pelas duas partes. Sobretudo nos casos mais flagrantes, e portanto mais criticados. E ambos acabam tendo seu lucro, recebendo aquilo que buscavam. Caso contrário, o lesado vai embora. Visto assim, esse tipo de união acaba sendo extremamente honesto. Todos se lembram, por exemplo, do contrato nupcial de Jacqueline Bouvier/Kennedy e

Aristóteles Onassis, calhamaço formal de 170 itens assinado pelas partes, por advogados e testemunhas, como qualquer documento importante. E em 1969, o herdeiro da Kleenex, James Kimberly, de 63 anos, ao casar com Jacqueline Trezise, de 19, assinou um contrato pré-nupcial limitando em dezoito mil dólares, por cada ano de casamento, a pensão que viria a pagar à noiva em caso de desquite. Em compensação, quando a atriz Martine Carol, depois de um noivado-relâmpago, preparava-se para casar com o dono de um dos maiores circos americanos (acho que era o Barnum, mas não poderia jurar), o noivo mandou elaborar um contrato pelo qual Martine entrava na posse dos bens dele, mas se comprometia a viver praticamente confinada no seu rancho no meio do mato. Antes de assinar o documento, Martine fugiu levando apenas a bolsa e o casaco de *vison* que havia ganhado do noivo.

Não existem estatísticas, porém nada indica que as relações ditas sem amor sejam forçosamente mais infelizes ou menos duradouras do que as outras. Na maioria dos casos, a relação dura enquanto durar o interesse, ou seja, enquanto os elementos que representam o papel do amor continuarem com seu apelo. O rapaz que escolheu a milionária seduzido por carros, luxos, casas e mordomias continuará com ela enquanto estiver "apaixonado" por essas coisas todas. Se, porém, por um processo de amadurecimento, ou até mesmo de saturação, carros, luxos, casas e mordomias perderem seu encanto, ele poderá vir a se apaixonar por outro objeto que, dependendo dos seus desejos, tanto pode ser um alto cargo político quanto uma pobre mocinha.

Em geral, a pessoa que escolhe por interesse não o faz pisoteando um grande amor e passando por cima dos seus restos. Ela o faz porque não tem um grande amor, ou melhor, seu grande amor, leia-se seu grande desejo, não está colocado em uma pessoa, mas sim em coisas que precisa obter da vida. Se a jovem namorada do artista o abandona aos prantos para casar-se com o príncipe alemão que a levará para viver em seu castelo na Baviera, de uma coisa podemos ter certeza: ela estava menos apaixonada pelo artista do que pelo castelo. E isso não significa que ela seja vil, mas apenas que um castelo, com tudo o que significa de linhagem, status e segurança, preenche mais completamente suas necessidades internas do que o abraço ardente no ateliê esquálido. Pelo menos naquele momento.

Chegamos, portanto, à conclusão de que o amor, no seu sentido mais amplo de *desejo*, não se restringe apenas à figura romântica do *outro*, como sempre sonhamos. Ou, quando se restringe, é porque esse outro reúne em si de forma confortavelmente abrangente aqueles pontos básicos nos quais nosso desejo se concentra. Quem escolhe por amor, recusando às vezes possibilidades mais rentáveis, costuma considerar-se desprendido, dono de uma alma mais nobre do que a daquele que escolhe por dinheiro. Ledo engano: ambos escolheram o negócio que lhes era mais conveniente. Ambos escolheram em busca da sua satisfação. A diferença é que aquele que escolheu concentrado apenas nos objetos mais materiais não teve a sorte de encontrar esses objetos conjugados a uma pessoa que lhe parecesse atraente.

E isso nos obriga a outra consideração: a de que os amores "sem amor" são muito mais numerosos do que a gente pensa. Não nos damos conta, porque procuramos o óbvio. Se o belo rapaz remediado casa com a bela mocinha riquíssima, tanto pode se tratar de um grande amor romântico quanto de um duplo amor – por ela e pelo dinheiro –, ou de um amor pelo dinheiro. Nossa tendência é acreditar no primeiro, com desconfianças do segundo. Se, porém, a escolhida for rica e feia, imediatamente optaremos pela terceira possibilidade.

Da mesma forma, costumamos nos enganar diante de casos como um que eu conheço, de mulher bem rica, casada com rapaz bastante desprovido. O "interesseiro" é ele? De forma alguma; professor de filosofia, amante da sua profissão, não liga para o dinheiro, que para ele representa apenas um conforto. Mas é apaixonado por ela. Ela, ao contrário, é mais apaixonada pelo clima intelectual que vive através do marido do que propriamente por ele.

E nessa categoria podem se enquadrar também aqueles amores todos que nem paramos para analisar, mas que, tendo começado romanticamente, se mantêm mesmo depois que o amor romântico acabou, porque o desejo desviou-se, encontrando naquela mesma pessoa outras formas de satisfação.

Podemos então dizer que o que faz um amor parecer "sem amor" não são as pessoas envolvidas nele, mas o preconceito dos que olham de fora. E assim talvez fique mais fácil aceitar a ideia de que não existem escolhas por interesse, já que são, todas elas, escolhas por desejo.

Nos romances de amor, a satisfação garantida

Todos os anos, em circuito internacional, o filme *E o vento levou* volta às telas. O livro, única obra da escritora americana Margaret Mitchell, publicado pela primeira vez em 1936, já vendeu milhões e milhões de exemplares no mundo inteiro. E continua vendendo. Assim como continuam vendendo *Orgulho e preconceito*, *O morro dos ventos uivantes*, *A dama das camélias* e tantos outros que, contando histórias diferentes, estão contando sempre a mesma história, a história de duas pessoas que se amam e que, superados terríveis obstáculos, acabam por se encontrar.

Por que fazem tanto sucesso os romances de amor? Não se trata apenas da boa qualidade literária, como é o caso dos livros acima. Nos Estados Unidos os livros românticos escritos em série representam 40% do mercado de livros de bolso, movimentam 300 milhões de dólares e atingem 20 milhões de leitores. E a autora mais conhecida no gênero, a inglesa Barbara Cartland, já vendeu no mundo inteiro, incluindo o Brasil, 300 milhões de exemplares dos seus 350 romances.

A primeira vez que vi *E o vento levou* eu tinha 15 anos. Durante dias fiquei medusada pelo clima do filme, pensando e repensando, na tentativa de encontrar uma solução para o desencontro de Scarlett O'Hara e Rhett Butler.

Estava quatro anos mais velha quando li o romance. O encantamento foi o mesmo. Depois disso, vendo o filme passar nesse ou naquele cinema, pensava, tenho que rever esse filme. Até que a televisão o depositou no meu colo. Mais madura, reagi por acaso de outra forma? Qual nada. Embolada no sofá com minhas duas filhas de 18 e 11 anos, choramos as três por Scarlett e Rhett. E mais uma vez me flagrei pensando em como ela deveria ter agido para não o perder.

Aos 46, como aos 15, eu suspirava pelo sonho romântico do amor eterno. Exatamente como suspiram os leitores de Alexandre Dumas ou de M. Delly, de Cartland ou de Shakespeare.

O que interessa não é a história, mas o que está por trás dela

No seu livro *How to write a romance and get it published*,* Kathryn Falk dá a fórmula infalível:

"1. A mulher encontra um homem irresistível. Brilham as centelhas da atração.
2. Surgem os motivos para uma relação, ao mesmo tempo em que se estabelece um conflito.
3. Eles são separados.
4. Eles se reencontram (podem-se repetir 3 e 4).
5. Eles se reconciliam.
6. Eles se casam."

Histórias como essa, cada um de nós já leu centenas. Mas o fato de a história ser sempre a mesma não diminui minimamente o seu sucesso. Pelo contrário, até o aumenta porque os leitores – que nesse caso são quase sempre leitoras – compram sem hesitação, sabendo que podem contar com seu menu favorito.

O que acontece é que, ao comprar um romance de amor, não se está comprando uma história, e muitas vezes não se está comprando sequer um estilo narrativo. Compra-se um veículo. O livro não é apenas o veículo da palavra do seu autor. Ele é – e disso vive – o veículo do leitor rumo ao seu sonho.

---

* *Como escrever um romance e tê-lo publicado.*

À noite, quando sonho na cama, sonho sozinha. Mas quando sonho no ônibus, acordada, embora sem perceber, posso estar sonhando qualquer coisa de muito parecido com o que sonha a minha vizinha de assento. É na medida em que conseguir captar esse sonho comum, e embuti-lo numa história, que um escritor vai ser lido. E tanto mais lido será quanto maior o número de pessoas cujo sonho ele captou. A um sonho coletivo, bem posto no papel, costuma-se dar o nome de best-seller.

Dessa forma, sonho, mito e texto literário desempenham o mesmo papel. Através de símbolos, penetram no inconsciente e, dizendo aquilo que todo mundo quer ouvir, despertam as emoções. Quanto mais profundas essas emoções, ou seja, quanto maior for a penetração no inconsciente, tanto maior será a permanência do texto que as provocou.

Em São Paulo, a Companhia Editora Nacional voltou recentemente a editar os romances de M. Delly, que entre as décadas de 30 e 50 marcaram a juventude de milhões de brasileiras. Entretanto, as histórias dos dois irmãos que se escondiam sob o pseudônimo da famosa "Madame" (Frédéric Joseph e Marie Henriette Petitjean de la Rosière) não são o que poderíamos chamar de palpitantemente modernas. Trata-se sempre do amor impossível entre uma jovem casta e cheia de virtudes e um jovem belo e cheio de dinheiro (e de repente me lembro que os heróis de Delly tinham magníficos olhos azuis que, sob o efeito da raiva, ficavam cinzentos e frios como o aço!) que, embora separados por vilões, tramoias, artimanhas e perfídias, conseguem no fim caminhar juntos para o altar.

Onde será que já ouvimos essa história antes? Era uma vez uma pobre órfã que vivia perto das cinzas, até que um dia um belo príncipe... Era uma vez uma princesa empobrecida que se escondia sob uma pele de asno, até que um dia... Era uma vez uma moça de longas tranças louras trancada por uma feiticeira no alto de uma torre, até que... Os contos de fadas nada mais são do que lindas histórias de amor. Tão lindas que durante séculos não foi sequer preciso escrevê-las e, sem que ninguém sequer saiba onde nasceram, foram passadas adiante de boca em boca.

Eram lobos e asnos que fascinaram geração após geração, ou o que havia por trás deles? Ao escrever sua versão de *Chapeuzinho Vermelho*, Perrault colocou no fim uma "moral", explicando claramente que as mocinhas devem tomar cuidado com aquela espécie de lobos persuasivos que as seguem nas ruas e até nas casas, pois "todos sabem que esses lobos adocicados são os mais perigosos". Não se tratava portanto de uma historiazinha botânico-zoológica, de lobos passeando pelos bosques, mas sim de uma visão de antropofagia erótica, do perigo de certos encontros, da atração exercida por esse perigo, e da sua inexorabilidade. *O que estava em jogo era a força da atração sexual.*

Do mesmo modo, o conto da princesa que para fugir do rei e do palácio se esconde debaixo da pele de um asno morto é, na verdade, uma narrativa sobre o incesto. Mostra o pai que, identificando a mãe com a filha, quer casar com esta, e o misto de atração e horror que tal desejo provoca nela.

Por trás de histórias aparentemente inocentes e semelhantes (o linguista russo Propp chegou a isolar os 28 tópicos ao redor dos quais os contos de fada se desenvolvem), o que está sendo contado é a tragédia humana. Justamente por lidar com os grandes medos e as grandes paixões, os contos de fadas se tornaram eternos. E os romances de amor nada mais fazem do que lidar com esses mesmos sentimentos fundamentais, mudando apenas a embalagem para, fingindo uma certa realidade, torná-la mais apetecível aos adultos.

O amor só é grande se forem grandes os obstáculos

O jovem Werther apaixona-se perdidamente pela bela Charlotte, mas descobre que ela é noiva de Albert, um homem de bem. Para piorar as coisas, torna-se amigo de Albert, já agora casado com o objeto da sua paixão. Não suportando mais o sofrimento de ver sua amada pertencer a outro, Werther suicida-se.

Julieta e Romeu amam-se ardentemente e casam-se em segredo entre cantos de cotovias e fugas matutinas. Mas a rivalidade entre as duas famílias, Montéquio, a dele, e Capuleto, a dela, impede que sejam felizes e acabará levando à morte de ambos.

Tristão ama Isolda desde o primeiro momento em que a vê. Entretanto, ela se torna esposa de seu tio e benfeitor. Matando dragões, desafiando inimigos, enfrentando todos os perigos, ele continua a amá-la. Mas acaba morrendo sozinho, antes que ela tenha tempo de chegar, tomá-lo em seus braços, e por sua vez morrer.

Armand Duval arde de paixão por Marguerite Gautier. Mas ela é cortesã, e a pedido do pai de Armand, para não arruinar a vida do rapaz, acaba renunciando ao seu amor. Tísica, sua saúde piora devido ao sofrimento, e será apenas na hora da morte que ela dará a Armand seu derradeiro beijo.

Os sofrimentos do jovem Werther, Romeu e Julieta, Tristão e Isolda, A dama das camélias, clássicos dos romances de amor, devem grande parte do seu sucesso ao obstáculo que se interpõe entre os amantes e à morte com que se encerram. Pois *o obstáculo é o metro com que se mede um amor.* Já vimos que toda paixão começa com a ilusão de se tornar um grande amor. Mas em plena sofreguidão inicial, como saber que amor será esse? A distinção se faz aos poucos, à medida que as dificuldades aparecem. O amor pode então demonstrar-se sólido ao perseverar, vencendo essas dificuldades. Ou revelar-se passageiro, desistindo da luta. Quanto maiores forem os obstáculos, e mais determinada a resistência, maior será o amor.

É a resistência que faz do sombrio Heathcliff de *O morro dos ventos uivantes* um grande amante. No fundo ele era irascível, autoritário, vingativo, quase louco, um tipo de homem que ninguém gostaria de amar. Mas sua paixão por Catherine resistiu à diferença social, à oposição familiar, ao casamento dela com outro, à própria morte de Catherine. E ao morrer finalmente, para encontrar-se de forma fantasmática com ela, Heathcliff havia conquistado o direito de habitar para sempre no coração de milhares de leitores.

Sem grande obstáculo, sem grande sacrifício, não temos como aquilatar as dimensões de um amor. Pode até ser belo e sereno, mas, sem meios para medi-lo, desconfiaremos sempre da sua intensidade, como se sua sobrevivência fosse devida somente à falta de ocasiões para ruptura.

Menos indispensável que o obstáculo, mas igualmente útil, é a morte final das personagens. Não haveria de ser por puro sadismo dos escritores que tantos venenos, tantos punhais, tantas tuberculoses encerraram para sempre a carreira amorosa de nossos mais românticos heróis. Nem a morte foi posta ali porque o autor não sabia como acabar a história. Mas sim porque ela *representa o supremo encontro,* o mais insuperável dos orgasmos.

Vida e morte são uma só coisa, pois uma não existe sem a outra. Já na mitologia grega Eros, o princípio da vida e do prazer, e Tânatos, o impulso da morte, eram irmãos. E nada é ao mesmo tempo tão vida e tão morte quanto o momento do orgasmo, em que outra vida é gerada enquanto se perde o domínio da consciência. Por isso, embora parecendo o contrário, *a morte é a grande metáfora do amor*.

Romeu e Julieta já tinham se amado na cama. Quando, depois de fazê-los vencer todos os obstáculos, o autor quer de novo juntá-los, percebe que um novo encontro sexual seria insuficiente para configurar um amor sublime. Nada acrescentaria ao que havia sido vivido. É então através do grande amplexo simbólico da morte que Shakespeare os situa no mais alto degrau da paixão humana.

Essa, porém, não é a única função literária da morte. *Ela serve também para estabelecer a eternidade do amor*. Os contos de fadas dispensam a morte; começam e acabam com duas frases rituais, "era uma vez" e "foram felizes para sempre". Mas uma das características principais dos contos de fadas é a sua atemporalidade. Eles se passam fora do espaço e do tempo reais, no espaço do imaginário, cujo tempo, sem começo nem fim, tem na eternidade sua constante.

Ora, os romances de amor são datados, passam-se em lugares e épocas claramente estabelecidos. E, como tais, obedecem às leis de desgaste e perecibilidade. Como garantir que o amor das duas personagens se manteria intacto até o fim da vida sem ter que narrar essa vida até o seu último momento? E como preservar para o leitor a beleza estética desse amor, obrigando-o a acompanhar os pouco edificantes achaques da velhice, a doença, até a morte? Romeu e Julieta desdentados e catarrentos dificilmente se aguentariam como personagens românticas.

Ao autor, portanto, não restava outro recurso de narrativa senão o de matar seus protagonistas no auge do amor, no momento mesmo do reencontro com que culminava a vitória sobre o obstáculo. Era a morte em pleno momento de beleza, cristalizando essa beleza para a eternidade. (Afinal, é um artifício semelhante ao que usou Greta Garbo em seu grande romance de amor com o público: vencidos todos os obstáculos, rainha no coração dos espectadores do mundo inteiro, ela se "suicidou", desaparecendo da tela e praticamente da vida, para manter eternas sua imagem de beleza e a paixão dos admiradores.)

Logo porém a morte deixaria de ser necessária. A eternidade sairia de moda, e aos leitores bastaria, como nos contos de fadas, o encontro final das personagens, marcado, se possível, por uma bela cerimônia nupcial.

Fica *E o vento levou* como um exemplo de transição entre a época dos fins trágicos e a dos finais felizes. Rhett e Scarlett não morrem após superarem tantos obstáculos. Mas também não ficam juntos. A autora não quis assumir a responsabilidade pelo destino das suas personagens. Rhett parte jurando não mais voltar. Scarlett fica, jurando recuperar seu amor. Cabe ao leitor criar o destino.

Felicidade ou o seu dinheiro de volta

O final feliz não é uma invenção moderna. Ele já está presente em *Orgulho e preconceito*, da inglesa Jane Austen, que, no fim do século XVIII, pode ser considerado um precursor - de classe - do gênero que depois viria a ser transformado em *rosa*. E está presente também nos romances de Delly, que se reaproximam dos contos de fadas. *Mas ainda era facultativo*.

Começa a se tornar obrigatório à medida que se fortalece a sociedade de consumo, tão bem traduzida pelo slogan da Sears: "Satisfação garantida ou o seu dinheiro de volta". É preciso satisfazer o freguês. Seja consumidor de calçados ou de lasanha, deve ficar contente com o produto que comprou, para ter desejo de comprá-lo novamente. E o livro tornou-se um produto como outro qualquer, cuja finalidade é ser consumido, se possível, em quantidades crescentes.

Como satisfazer o leitor/consumidor? As grandes editoras americanas, responsáveis pelas maiores tiragens, criaram fórmulas balanceadas com a mesma precisão de uma ração para pintos. Exigem-se descrições minuciosas dos lugares onde a história se passa. Janet Dailey, autora de 60 romances, ambientou um em cada estado americano, e para isso passou anos morando num trailer, viajando de estado em estado para poder ser mais fiel nas descrições. Resultado: já vendeu cem milhões de exemplares. Para certas séries, é imprescindível que a ação se desenrole num país exótico, de preferência com muitas palmeiras, luar sobre as ondas e brisa quente dos trópicos. A heroína tem que ser jovem e bonita. O herói tem que ser bonito e rico. Mais da metade do livro deve ser constituída por diálogos (cerca de 70%). Deve haver muitos adjetivos e nenhuma palavra difícil. E o final deve ser infalivelmente feliz, bem "para cima".

Espera-se assim que a leitora concretize seus sonhos de viagens e de romance, que viva através da leitura aqueles amores idealizados que nunca viverá na vida real, e que, ajudada pela mensagem otimista e euforizante do final, recorra rapidamente a outro livro para compensar-se da monotonia do dia a dia.

Dentro desse mesmo mecanismo enquadra-se outra forma de narrativa amorosa, que é o cinema. O *happy end* foi durante anos quase obrigatório. E sobretudo na década de 50, o mundo inteiro deleitou-se com uma infinidade de filmes açucarados como drops, cujo sabor podia variar de Doris Day para Esther Williams.

No Brasil, o filão revelou-se fértil para as novelas. Elas têm todos os ingredientes dos romances de amor, somados às exigências do mercado de consumo. As personagens são feitas umas para as outras, de modo que não haja dúvidas quanto a quem deve ficar com quem. Mas os obstáculos se multiplicam: há cartas anônimas, assassinatos, cadeia sempre para os inocentes, diferenças sociais, e intrigas de toda espécie armadas por rivais perigosos e sem escrúpulos. Impávidos, os amantes vão vencendo todos os perigos, reafirmando a cada vez a intensidade do seu sentimento; sentimento do qual – embora o público esteja farto de acreditar – o amado é levado a desconfiar, exigindo maiores e mais comoventes demonstrações. No fim, casamentos em cadeia destinam-se a tranquilizar o telespectador, mostrando-lhe que o amor tudo vence e dando-lhe ânimo para acompanhar a novela seguinte, consumindo horas de anúncios e engolindo os incontáveis engodos do merchandising.

A necessidade de agradar ao público é de tal ordem que não só as personagens se enquadram dentro de minuciosos perfis elaborados a partir dos próprios perfis dos espectadores, levantados pelos departamentos de pesquisa, como o final é frequentemente feito sob medida. Gravam-se dois ou mais finais, todos compatíveis com a história. Irá ao ar aquele que, sempre segundo as pesquisas, estiver mais de acordo com o desejo das massas.

Mas apesar da tecnologia e do avanço mercadológico, continuamos colados na velha e infalível fórmula Delly, em que o amor anula as diferenças sociais, liquida as adversidades, para conduzir-nos enfim ao único paraíso possível, o paraíso da felicidade a dois.

Elas estão à procura de outro homem

O público consumidor dos romances de amor é prevalentemente feminino. A primeira razão alegada para isso é sempre o "romantismo" das mulheres, entendendo-se por "romantismo" um certo tipo de alienação açucarada que as levaria a procurar no amor fantástico a solução de suas vidas. Já vimos como as mulheres lidam com o amor imaginário. Vamos ver agora como o mercado lida com os sonhos das mulheres.

Desde a safra Delly, que data do princípio do século, os romances de amor passaram a ter uma cor e uma definição femininas: são os *romances cor-de-rosa*. Bastaria isso para torná-los proibitivos ao público masculino. Um macho bigodudo não leria Delly, assim como não usaria cuecas pink. Ambos seriam um atentado à sua virilidade.

A partir daí, a coisa intensificou-se. Hoje, todas as coleções de romances de amor, as de livrarias e sobretudo as de bancas de jornais, têm na capa apelos tipicamente femininos, quer na parte gráfica - que em alguns mais parece um risco de bordado, cheio de flores e corações -, quer nas ilustrações, quer nos títulos. No Brasil, várias coleções foram batizadas com nomes de mulher, como *Sabrina* ou *Júlia*. Nada, no exterior desses livros, levaria um homem a comprá-los. Ou melhor, dentro da atual divisão de papéis masculino/feminino, *tudo o afasta deles*. Esses romances tornaram-se tão exclusivamente femininos quanto o sutiã ou os absorventes higiênicos.

O conteúdo não trai as promessas da capa. Não só são escritos quase que apenas por mulheres como se dirigem só a elas. A personagem central é sempre uma mulher. O homem que ela ama obedece ao estereótipo clássico do macho idealizado: é bonito, mais velho, forte, rico e aparentemente distante ou difícil. Mas se revelará doce e terno ao final, quando seu amor pela heroína explodir em toda a intensidade. A maioria desses romances não tem violência, e muitos não têm sequer sexo. Tudo se passa no plano da expectativa, do *por vir*. A felicidade não se encontra no presente, mas sim *no futuro que já está a caminho*.

As mulheres, portanto, não procuram esses livros tão espontaneamente quanto parece. Nem os homens tão espontaneamente se afastam deles. O que existe é uma manipulação, realizada através de um produto preparado para atingir só o público-alvo. Um público valioso, porque, além de ter poder aquisitivo – as mulheres que trabalham têm seu próprio dinheiro, e as que não, controlam grande parte do orçamento doméstico –, costuma ter mais interesse em leitura; uma pesquisa realizada na França mostrou que, em 1983, os compradores de livros foram 9,2 milhões de homens para 11,6 milhões de mulheres.

E por que esse produto agrada tanto às mulheres? Primeiro porque, como já vimos, apesar da aparente inocência, mexe com emoções profundas. E as mulheres estão, mais do que os homens, ligadas a essas emoções. Segundo porque reforça todo um quadro de "filiação" feminina ao homem, que ainda está muito arraigado em nós. Mas eu acho que há uma terceira razão, que é o *desapontamento da mulher em relação ao homem*.

Sem perceber, a sociedade cria uma grave duplicidade na imagem masculina que a mulher traz dentro de si. Desde o início lhe vende uma imagem de homem absolutamente fantástico: forte, maduro, centrado, protetor, que lhe dará plena felicidade ao leito e saberá amá-la romanticamente. Esse homem impossível parece encontrar identidade na força todo-poderosa e equilibrada que é oficialmente atribuída ao pai. Sem perceber o equívoco, as mulheres crescem se preparando para esse homem.

Mas rumo à idade adulta, descobrem, progressivamente, que ele não existe. Nenhum homem pode reunir em si tantas qualidades. Os homens são fortes ou fracos, maduros ou imaturos, centrados ou aloprados. Podem dar felicidade ao leito, mas as mulheres têm que batalhar por ela. E quanto a amar romanticamente, costuma ser muito difícil para eles, que tiveram cortado o trânsito com as emoções.

O entendimento tem que ser realizado com esse novo homem, que é real, que existe e está disponível. Mas, embora conseguindo-o, e eventualmente até com bons resultados, fica no coração da mulher a saudade daquele outro para o qual havia preparado o enxoval que, nunca usado, continua guardado com cheiro de alfazema nas escuras arcas do seu ser. É esse outro que ela vai procurar nos romances de amor, certa de que não será desapontada.

Daí também o apelo encantatório do *vir a ser*. Pois, no seu inconsciente, muitas mulheres entediadas por uma relação morna, desiludidas por um sexo sem sabor, só conseguem suportar o presente transferindo para o futuro suas esperanças. E nos romances de amor, como nas cartas das cartomantes, há sempre um homem a caminho, um valete que chegará um dia trazendo felicidade.

Que amor é esse que aí vem?

Chegando já ao fim deste livro, depois de ter vasculhado tanto no amor, não posso deixar de me perguntar com alguma esperança: "Será que uma nova forma de amor vem aí? Será que os jovens estão descobrindo uma outra maneira de se encontrar?".

Minha filha mais velha tem 18 anos, e nesse fim de tarde vem ao meu escritório, quer falar comigo. E ficamos as duas ali, ela sentada na poltroninha à minha frente, o dia acabando, a luz ainda apagada, numa longa conversa sobre amor.

O que ela queria me contar é que está chateada porque no fim de semana o namorado dela "ficou" com outra menina. ("Ficar" significa namoriscar, namorar, fazer sexo se for o caso, ou não, mas uma coisa bem lúdica, prazerosa, sem qualquer tipo de compromisso ou ligação.) Mas ela não está chateada com ele. Está chateada com a outra.

"Por que eu ia me chatear com ele? Isso não teve a menor importância. Se ele gostasse mais da outra do que de mim, passava a namorar ela. Não passou, está comigo. Daí, não me chateio. E também, se eu tivesse vontade de 'ficar' com um outro cara numa hora qualquer, não acho legal não 'ficar' só porque estou namorando. Então ele 'fica' com quem quiser. E eu também."

Mas está aborrecida com a outra, "porque no meu grupo é sagrado, garota não fica com namorado de amiga, nem rapaz com namorada de amigo. Às vezes acontece, mas a gente acha errado". Gosto da convicção com que ela fala, gosto de ver que armaram seus códigos, seus princípios. Fora do que aprenderam diretamente com a gente, estão se organizando.

Dessa organização faz parte fundamental a sinceridade. Foi o namorado dela quem lhe contou que tinha "ficado" com a outra. É de praxe contar. Se não contasse, se ela soubesse por terceiros, aí teria direito de se aborrecer. "As coisas sempre são ditas", me garante.

E ciúme, não teve nenhum? "Nenhum. Sexo não tem nada a ver, é outro assunto. Se ele tivesse gostado da outra, se achasse a outra uma maravilha, aí sim, pintava ciúme." E me conta que tem dois amigos que se namoram, mas que sexualmente não se dão bem; então cada um vive sua sexualidade fora da relação, e continuam juntos, contentes, porque se gostam.

Ouço, rumino, olho o rostinho dela tão correto, e mais uma vez me indago, será que quando ela estiver apaixonada, mas apaixonada mesmo, terá a mesma reação? A pergunta cabe porque ela não está apaixonada por esse namorado. Não sou eu que estou deduzindo, ela mesma me diz. O namoro começou há poucas semanas, acabará daqui a mais algumas, nenhum dos dois está muito interessado. Sem amor, digo para nós duas, fica mais fácil ter sentimentos ponderados.

Mas penso que quando se apaixonar, alguma coisa há de sobrar dessas atitudes. Provavelmente levará consigo, ou tentará levar, essa determinação de sinceridade que norteia agora o rascunho das suas relações amorosas. E chegará lá mais desimpedida de preconceitos do que eu jamais sonhei na idade dela. No meu tempo, apaixonada ou não, se namorado da gente namoriscasse outra era uma tragédia. A gente se achava na obrigação de sofrer. E se achava na obrigação de se apaixonar; afinal, era a única desculpa válida para dar um mínimo – o máximo era proibido – de vazão àquilo que a minha filha chama tão serenamente de tesão.

Ter o sexo tornou mais difícil ter o amor

Outra coisa, porém, chama minha atenção nos grupos jovens que conheço: *namoram muito e não namoram nada.*

Namoram muito porque têm sempre um namorado/a em campo, alguém em quem estão interessados, alguém que estão "azarando". Mas ao mesmo tempo não namoram nada, porque essas relações são muito inconsistentes. O casal se junta e se separa com a mesma facilidade. Não há amor, não há envolvimento. Há desejo, epidérmico. Na verdade não são bem namoros, são casualidades.

E como começam muito cedo, de uma casualidade em outra passa-se o tempo. Agradável a princípio, excitante, uma espécie de tiroteio cerrado de desejo, de busca, de troca. Mas cansativo a longo prazo, desapontador. Do amor, afinal, esperavam mais do que isso.

Quando eu tinha 16 anos não se ia para a cama. Em compensação amava-se delirantemente. Vai ver era por isso mesmo: não indo para a cama não se "esvaziava" o desejo, não se matava a sede, e então, durante meses e meses, ia-se procurar aplacá-la na boca do amado, nas mãos errantes na acolhedora escuridão das matinês. Tirei grandes sarros no cinema, mas jamais lhe daria esse nome – ou o equivalente na época –, dentro de mim eu era uma heroína romântica, estava vivendo um grande amor.

Naquele tempo faltava uma coisa, hoje falta outra. Eu não podia me dar o sexo. Eles não conseguem se dar o amor. As moças com quem converso me dizem que gostariam, que têm vontade de ter um namoro mais consistente. Mas que os rapazes não querem. Será verdade? Confesso minha falha, mãe de filhas mulheres, rodeada de sobrinhas, afilhadas, amigas, quase não conheço rapazes aos quais fazer esse tipo de pergunta. Mas será que eles não querem mesmo? Ou será que, como elas, querem e não conseguem? E se ambos não conseguem, que impedimento é esse que existe entre eles e o sentimento, logo agora que foi derrubada a barreira entre os jovens e o sexo?

A tendência imediata é achar que não param em nenhum/a porque podem ter todas. Mas por outro lado existe a facilidade maior de parar em um parceiro, agora que ele pode ser completo, reunindo sexo e sentimento.

Se eu disser que fogem do envolvimento porque costumam ter em casa exemplos de relação tumultuados ou desastrosos, estarei fazendo psicologismo barato, porque a minha geração também teve exemplos paternais nada animadores, e no entanto partiu desde cedo para a relação.

Acontece também que são filhos diretos da baixa do amor, do descrédito da relação, e da ênfase nas emoções tonitruantes. Enquanto deixam o amor de lado, procuram terremotos emocionais no "som", no "brilho", nos riscos.

Mas uma ideia me ocorre que me parece mais acertada. A de que os jovens estejam, de forma inconsciente, *fugindo do amor justamente porque podem ter o sexo*. Explico melhor: o amor é uma emoção importante, o sexo também; *mas só o amor somado ao sexo constitui a emoção fundamental do ser humano*. Ora, nem todos os jovens têm um mesmo grau de amadurecimento. E nem todos eles se sentem prontos para chegar ao topo do seu universo emocional. Antes todos podiam ter amor, e só os mais maduros - ou os mais inconscientes - se lançavam na completude amor/sexo. Agora acontece exatamente o oposto; tendo o sexo, evitam somá-lo ao amor, adiando a sobrecarga emocional que não se sentem capazes de enfrentar.

Tradicionais ou inovadores, queremos todos a mesma coisa

Mas ao mesmo tempo em que teço essas considerações, está ficando pronto na costureira o vestido de seda que vestirei para ser madrinha de um casamento. Casamento com véu, grinalda, padrinhos de fraque, e todos os detalhes da tradição a que uma noiva tem direito; uma noiva de 19 anos, que casa após noivado de dois com seu primeiro namorado. E uma amiga me telefona e diz que está preocupada porque a filha há três anos namora o mesmo rapaz, e aos 17 anos não sai com outras pessoas, não quer viajar, leva praticamente vida de casada.

Leio no jornal que uma das tantas pesquisas realizadas pela Globo para ditar o rumo de suas novelas - esta da época de *Pão Pão Beijo Beijo* - indicou que "os jovens estavam voltando, sobre seus próprios passos, para o romantismo: em busca do verdadeiro amor, depois de baterem a cabeça em termos de liberdade". E mais adiante é citada outra pesquisa, *Retrato do jovem brasileiro*, realizada pela McCann-Erickson, segundo a qual "95% deles são conservadores, românticos, enquanto só os 5% restantes são contestadores".

O que seria contestação, hoje, em relação a amor? O que há mais para contestar? Parece-me que tudo o que havia para tentar o foi pela nossa geração, parece-me que derrubamos todos os tabus. Do amor livre da época hippie, ao sexo grupal e à troca de casais praticados burguesmente com anúncios no jornal, à vida em comunidades, experimentamos tudo. E conseguimos um resultado importante: debaixo do lábaro estrelado do amor *não há mais nada ilícito, não há mais nada proibido*. Há experiências, e todas são válidas.

Tento então uma outra leitura do resultado da pesquisa: 95% são românticos e conservadores na medida em que usam os velhos estereótipos – e alguns dos velhos vícios – para armarem seus sonhos e verbalizarem suas expectativas. Os outros 5% estão prosseguindo aquelas que foram as nossas experimentações, mas nem por isso podemos dizer que não sejam românticos. Afinal, há coisa mais romântica que o movimento hippie, que entretanto rompeu com a rigidez familiar e tentou romper com a possessividade, com o ciúme, com a relação amorosa fechada?

Minha filha, minhas jovens amigas, a noiva, os 95% e os 5% querem seguramente a mesma coisa: encontrar uma maneira de satisfazer seus desejos eróticos, realizando ao mesmo tempo a extrema e eterna necessidade de afeto que, igual para todos nós, continua ilimitada. Em outras palavras, o que eles querem é achar uma solução para o problema do amor. Como nós quisemos. Com a diferença de que para eles os caminhos estão abertos e podem vir cada um no rumo que lhes parecer mais conveniente, sem se submeterem a tantas restrições e a um único modelo.

Então, respondendo à minha pergunta inicial, se haveria uma nova forma de amar, acho que não se trata exatamente de *uma nova forma*, mas de *múltiplas formas* coexistindo contemporaneamente numa mesma sociedade. Essa *pluralidade lícita* me parece ser o fato novo. Pois não se trata de simples permissividade; trata-se da consciência geral de que outras soluções são necessárias, e todas as possibilidades são bem-vindas.

No fundo, estamos sempre tentando "civilizar" o amor

É evidente, porém, que o amor mudou. E não propriamente o amor, mas a maneira de realizá-lo em termos de dupla. Mudou sobretudo aquilo que antes chamávamos de casamento e que hoje pode ser apenas coabitação ou a relação duradoura. Hoje, um casamento pode se exercer, sem estranheza, em dois apartamentos diferentes. (Tenta-se, à custa de idas e voltas, roupas espalhadas aqui e lá, divisão geográfica e algum desenraizamento, preservar as liberdades individuais.) E pode se exercer sem filhos, privilégio de escolha com que antes nem sonhávamos. Mas, e esse é o dado mais importante, pode ser exercido em tandem.

No Brasil ainda é raro, convenhamos. Mas a gente chega lá. O mundo está cheio de Kramers, de homem "que é menino e é menina". O mundo está cheio de casais razoavelmente igualitários. E tudo leva a crer que no Brasil também essa equiparação se fará.

Não se trata apenas de modismo comportamental. Trata-se de necessidade. A realidade prática do mundo está ditando suas leis. E a realidade prática é que, com as mulheres mudando seu papel, os homens são obrigados a mudar o seu também. E isso modifica as atitudes do casal.

Na França, em 1981, a revista *Elle*, em colaboração com o Instituto de Pesquisa Ifop, entrevistou uma amostragem selecionada de 113 pessoas para saber como viam essas mudanças. À pergunta base: "Você acha que a maneira de amar mudou em relação ao que era antes?", 64% das mulheres e 51% dos homens responderam afirmativamente. E os fatores citados como responsáveis por essa mudança foram, por ordem percentual: os anticoncepcionais, o trabalho da mulher fora do lar, a legalização do aborto, a televisão, o ritmo da vida moderna, a maneira de criar os filhos, as novas leis sobre divórcio, o cinema. Destes, os anticoncepcionais tiveram 64% das respostas, as mulheres e o trabalho 51%, o aborto legal 43%, vindo os outros quatro num bloco quase igual com cerca de 30%, e o cinema com pequena votação.

Observando a tabela da pesquisa, percebo que, segundo os entrevistados, o que mais mudou foram: *a iniciativa sexual das mulheres*, *a duração do casal*, e *a atitude em relação ao casamento*. E o que menos mudou foram *as atitudes em relação à diferença de idade no casal*, *o adultério*, e *a responsabilidade do homem*.

Mas as respostas nos fornecem outros dados interessantes. Reparo, por exemplo, que o adultério é o campeão absoluto da não mudança (somando os muitos que acham que não mudou absolutamente nada àqueles que acham que só mudou superficialmente). E isso é tanto mais curioso porque, por outro lado, a maioria diz que a situação da fidelidade no casal mudou muito, assim como mudou a sinceridade de um com o outro em relação a terceiros. Quer dizer, mudaram os elementos sobre os quais se baseia o adultério, mas fundamentalmente o adultério continua tal qual.

Outro fato surpreendente é a relação com a frigidez feminina. Ela obteve o mais alto nível de abstenções de respostas em todo o questionário, com 42%, mais que o dobro do que qualquer outro. Isso nos mostra como depois de tanta discussão, tanto Kinsey, tanto Masters e Johnson, a frigidez ainda continua um tema em que a maioria prefere não se aventurar ou sobre o qual não tem opinião formada. Sobre a frigidez, portanto, ainda vigora o silêncio. Mas o mais estranho é que dentre os não muitos que acham que houve grandes mudanças, a maioria alentada é de homens. Ou seja, os homens continuam certos de que fazem as mulheres bem mais felizes ao leito do que o fazem na realidade.

No mais, entretanto, e isso é bastante tranquilizador, a opinião de homens e mulheres é praticamente a mesma em todas as questões.

Num longo artigo, Pascal Bruckner – um dos autores do livro *A nova desordem amorosa* – analisou essa mesma pesquisa. E declarou-se sobretudo surpreso pelo fato de um número de pessoas praticamente igual ter respondido de forma oposta às mesmas perguntas, "como se a indecisão fizesse parte de qualquer julgamento sobre o sentimento amoroso". E evolui seu pensamento, atribuindo essa indecisão ao fato de estarmos vivendo diariamente a contradição entre teorias amorosas progressistas e práticas conservadoras, "donde uma certa duplicidade, para não dizermos uma certa hipocrisia, dos amantes modernos, divididos entre seu coração e suas convicções". Pois, diz ele, o amor de uma pessoa por outra "é uma loucura que resiste aos argumentos mais convincentes".

Realmente estamos todos, jovens e nem tanto, muito divididos. Mas quando não estivemos? A divisão entre razão e coração não é exatamente uma nova forma de hipocrisia amorosa. Não é sequer uma forma de hipocrisia. É a própria dinâmica do amor. Werther, herói amoroso por excelência, morreu por causa dela. Não pode haver contradição maior do que a do amor que, buscando realizar a felicidade e a paz afetiva, nos coloca na mão de outra pessoa, tornando a felicidade frágil e a serenidade improvável.

Os novos casais estão lutando para adequar seus sentimentos a suas novas ideias, ou até vice-versa. Mas isso foi o que fizemos, por exemplo, ao nos deparar com a teoria do amor necessário e do amor contingente. E certamente foi o que fizemos também em plena Idade Média, quando surgiu o "amor cortês". A história do ser humano não é senão uma longa tentativa de adequação; pois *as ideias mudam, mas os sentimentos essenciais continuam os mesmos*. É o que, de certa maneira, disseram os entrevistados da pesquisa de que falávamos, ao responderem que o que mudou foi "a maneira de se comportar", muito mais do que "o sentimento em si".

Nossa luta tem sido no sentido de "civilizar" esses sentimentos essenciais, que por sua força irracional sempre consideramos selvagens. Tentamos domá-los, contê-los nos espartilhos, nos colarinhos engomados, nos moldes que cada época estabelece como modernos. Mas os moldes mudam constantemente, muda o conceito daquilo que consideramos "civilizado", e a nós cabe recomeçar o esforço de nova adequação.

A sorte – e irônica tragédia – é que o amor "resiste aos argumentos mais convincentes", e apesar das nossas tentativas organizadoras, continua louco, irrefreável, maravilhoso, e absolutamente indispensável.

Leia também:

Em *Vozes de batalha*, Marina Colasanti traz um delicioso retrato da sociedade carioca das décadas de 1920-40, tendo como ponto focal a intimidade do casal Henrique Lage e Gabriella Besanzoni.